The Model

THE MODEL

더 모델

IT 솔루션 영업 프로세스

후쿠다 야스타카 지음 | 정지영 옮김

도서출판

앨런 마이너 _Allen Miner_

데이터베이스, SFA(정보 기술을 활용해서 영업 활동을 지원하는 시스템-옮긴이), CRM(고객 관계 관리, 기업이 고객의 특성에 맞게 마케팅 활동을 계획하고 지원하며 평가하는 경영 기법-옮긴이)이라는 소프트웨어는 현대의 비즈니스에 빼놓을 수 없는 존재가 되었다. 그중 상당수는 1970년대에 생겨나 진화와 성장을 거듭하고 있다. 그런 기업을 창업한 래리 엘리슨, 톰 시벨, 마크 베니오프라는 경영자들. 우리는 그들과 함께 일했고, 그들이 중요한 국면을 어떻게 제어하며 사업을 확장해왔는지 가까이에서 지켜봤다. 그리고 나 자신도 투자가로서 세일즈포스닷컴salesforce.com, 컨커Concur, 마케토Marketo, 디맨드웨어Demandware의 일본 법인 설립을 지원해왔다. 여기에서는 내가 만났던 사람들과 그 비즈니스에 대해 이야기하고 싶다.

일본과의 관계

고등학교 시절부터 컴퓨터 프로그래밍에 관심이 있었던 나는 컴퓨터공학을 배우기 위해 브리검 영 대학에 진학했다. 복수전공으로 동양문화도 공부했고, 2년 동안 교회 봉사활동을 위해 홋카이도에서 선교사로 활동했다.

25세 때 오라클이 처음으로 대학생 졸업자를 채용한다는 것을 알고 면접을 보기로 했다. 당시 오라클의 사원 수는 400명, 매출은 25억 엔 정도였다. 솔직히 데이터베이스보다 AI나 컴퓨터 그래픽의 최전선에 흥미가 있었던 나는 스티브 잡스가 만든 넥스트NeXT에 들어가면 재미있겠다고 생각했다.

면접 담당자는 나의 이력서를 보고 갑자기 "일본어를 할 수 있습니까?"라고 물었다. 오라클은 1985년 일본에 거점을 마련했으나 당시 일본에는 오라클 대리점이 두 곳 있었고, 일본어판 제품이 없어 어려움을 겪었다. 게다가 일본어 사양을 어떻게 할 것인지를 놓고 서로 이견이 있어서 수습이 되지 않았던 것이다. 오라클은 일본어판을 만들 수 있는 엔지니어를 구하고 있었다.

일본어와 프로그래밍, 이 두 가지가 연결된 일이 존재한다는 것을 알게 된 나는 오라클에 들어가기로 결심했다. 사막이 있는 유타 주에서 자란 나에게 샌프란시스코라는 대도시와 베이 에어리어의 기후는 매력적으로 느껴졌다.

어느 날 입사한 뒤 미국 본사에서 일본어판을 개발하던 나에게 전화가 왔다. 일본에서 소프트웨어 공급업체 아시스토를 설립한 빌 토튼이었다. 그는 아시스토에서 릴레이셔널 데이터베이스

Relational Database를 다루고 싶어 하며 오라클만이 아니라 경쟁업체인 잉그레스도 후보로 하고 있다고 내게 알려주었다. 아시스토가 잉그레스를 다룬다면 오라클은 승산이 없었다. 토튼에게 오라클 제품도 꼭 검토해달라고 하자 양쪽 회사에 두 명의 엔지니어가 방문했다. 이들이 내린 결론은 잉그레스가 기술적으로는 뛰어나지만 회사로서는 오라클이 더 낫다는 것이었다. 영업력이 있고 대응도 좋아서 비즈니스로는 오라클을 추천한다는 것이다. 토튼은 오라클을 선택했다.

아시스토가 오라클의 대리점이 되자 기존의 대리점 두 곳을 끊게 되었다. 당연히 교섭은 난항을 겪었다. 상황을 타개하기 위해 아시스토를 대리점이 아닌 자회사처럼 취급할 것, 그리고 내가 아시스토 사무실에 1, 2년 주재하면서 오라클에서 얻을 수 있는 정보는 모두 기존 두 곳의 대리점에도 전해주고 전폭적으로 지원하는 것으로 휴전 상태에 들어갔다. 결국 두 대리점에서 각기 다른 방식으로 손을 떼게 했고, 아시스토가 일본의 총대리점이 되었다. 그리고 1987년 아시스토가 일본에 주식회사 오라클을 설립, 내가 초대 대표가 되어 아시스토에서 온 3명의 사원과 함께 사업을 개시했다. 오라클에 입사한 이듬해였다.

"개를 고용했어요"라고 사노는 말했다

3년 후인 1990년, 사원이 수십 명이 되었을 무렵, 나는 일본 오라클의 사장에 어울리는 사람을 찾기 시작했다. 50회 이상 면접을 치른 뒤 마침내 당시 IBM에 있던 사노 지카라를 만났다.

헤드헌터의 사무실에서 사노 지카라와 처음 만났을 때부터 일본 오라클의 사장은 이 사람이라고 정했다. 래리 엘리슨 회장이 사노 지카라를 만나 의기투합해서 나는 무사히 일본 오라클을 일본인 경영자의 손에 배턴 터치할 수 있었다.

사노 지카라가 처음으로 미국 본사의 상사인 제프 스콰이어와 면담하기 일주일 전, 나와 영업본부장이 동석해 예산안을 조정했다. 거기에 'special expenses 30만'이라는 항목이 있었기에 이 특별비가 무엇인지 묻자 그는 개를 직원으로 뽑았다고 했다. 나와 영업본부장은 뭔가 다른 의미가 있으리라 생각하며 실제로는 무엇이냐고 되물었지만 "진짜 개를 고용했습니다"라고 대답할 뿐이었다.

미팅에서도 역시 제프 스콰이어가 그 항목에 대해 질문했다. 사노는 직설적으로 "저흰 개를 고용할 생각입니다"라고 대답했다. 그러자 스콰이어는 "그 이유가 뭐지?"라고 묻지 않고 "정말 흥미롭군!"이라고 대답하고 다음 화제로 넘어갔다. 이런 아무렇지도 않은 대화에서 나는 국제 비즈니스의 경영 철학을 느꼈다.

매출을 어떻게 할지, 직판과 간접 판매의 균형 같은 중요한 테마에 대해서는 확실히 의논하지만, 매월 30만 엔의 특별비는 "흥미롭다"라는 한마디로 끝내는 그의 핸들링은 그 나라의 리더를 채용하면 모든 결정을 전적으로 그에게 맡기는 것이 오라클의 사풍임을 나타내고 있었다.

개를 고용한다는 아이디어는 현재까지 일본 오라클에 계승되고 있다. 이 회사를 방문한 사람들은 운이 좋으면 보송보송한 털이 매력적인 큰 개를 만날 것이다. 물론 사노가 오라클에 가져다준 것은 이외에도 많다. 파트너와 Win-Win 관계를 구축한 것, 요코하마 국제 평화회의장에서 일본 최초로 오라클 오픈월드를 개최하고 성공시킨 것, 여기서 특히 훌륭했던 것은 브랜드 마케팅 실력이다. 회사를 전면에 내세워 고객의 관심을 이끌어내고 고객에게 안심을 주는 사노의 브랜드 마케팅이 효과를 본 덕분에 첫 회임에도 7만 명이 넘는 참가자를 모았고 이벤트는 성공을 거두었다. 이 방식은 나중에 세일즈포스닷컴에도 영향을 미치게 되었다.

천재 마크 베니오프

사노 사장이 부임한 후 나는 미국 본사로 돌아와 부사장에 취임했다. 1999년 일본 오라클이 주식공개를 해서 상당한 자산을 얻은 나는 일본에서 벤처 육성을 지원하는 회사를 설립하기로 했다. 사노 사장에게 상담했더니 회사명을 '선브릿지sunbridge'로 하면 어떠냐고 했다. 태양에 놓는 다리라는 뜻이다. 나는 미국과 일본의 가교가 되어 새로운 비즈니스를 창출하기 위한 사업을 개시했다. 같은 해 미국에서는 마크 베니오프가 세일즈포스닷컴을 창업했다.

사실 내가 오라클에 입사한 날, 신입사원 미팅에서 그는 내 옆자리에 앉아 있었다. 오라클로 출근한 첫날 처음으로 인사한 상대가 베니오프였던 것이다. 그는 서던캘리포니아Southern California 대학교 재학 중 애플에서 인턴으로 일하기도 했으나 졸업 후 오라클에 입사했다. 상사는 톰 시벨이었다. 오라클의 톱 영업사원이며, 훗날 CRM 소프트웨어를 제공하는 시벨 시스템즈를 세운 인물이 베니오프의 첫 직속 상사였다.

시벨은 한마디로 컨트롤프릭(Control Freak, 만사를 자기 뜻대로 하려고 하는 통제광 - 옮긴이), 그것도 천재적인 컨트롤프릭이었다. "꼭 이대로 하세요"라고 말하는 인물로 빈틈없이 프로세스를 구축해서 매사에 깊이 관여하고, 방대한 정보를 소상하게 파악하고 있었다. 그의 곁에서 베니오프는 전화를 이용한 마케팅과 안건 발굴부터 리드의 평가 그리고 클로징해서 판매하는 일련의 프로세스를 배웠다.

로스앤젤레스에서 필드세일즈를 하고 싶다고 주장한 베니오프에게 시벨은 우선 전화로 팔 수 있는지 보여 달라며, 그게 가능하다면 로스앤젤레스에 가도 된다고 말했다. 베니오프는 마구 팔았다. 물론 전화로 팔리는 것은 낮은 가격대의 제품이었지만, 한 번도 고객을 만나지 않고 전화로 파는 텔레세일즈 능력을 체득한 그는 신입임에도 최고의 실적을 남겼다. 베니오프는 보란 듯이 로스앤젤레스로 전근할 수 있었다.

시대는 클라우드로

90년대 중반부터 오라클의 엘리슨 회장은 앞으로 모든 컴퓨터는 서버에 소프트웨어가 있고, 유저 측에서 그것을 이용하는 신 클라이언트Thin Client가 될 것이라고 예언했다. 그 구상을 실현하는 마케팅 책임자가 베니오프였다.

베니오프는 지치지 않고 독특한 제품을 잇달아 만들어냈다. 그의 뛰어난 점은 고객이 무엇을 원하는지 읽어낸다는 점이다. 또한 새로운 것을 좋아해서 바로 다음 제품을 만들고 싶어 했기에 타고난

크리에이터라고 해도 좋을 정도였다. 그리고 상냥한 미소와 시원한 성격은 많은 사람을 매료시켰다.

어느 날 본사에서 베니오프의 사무실 앞을 지나가는데, "앨런, 보여주고 싶은 게 있어"라며 나를 불러 세웠다. 지금 만들고 있는 것은 오브젝트를 지향한 개발 툴로, 분산 환경에서 동작하는 멋진 소프트웨어가 만들어질 것이라고 했다. 데모를 본 내가 "그럼 하나 더 재미있는 일을 하지 않겠어? 오라클에서 처음으로 버전1부터 일본어에 대응하는 소프트웨어를 만들 거야"라고 말하자, 베니오프는 "좋아. 하자"라고 즉답했다.

개발을 시작하고 미국과 일본에서 개최된 오라클 오픈월드에서 선보이게 되었는데, 미국에서는 로스앤젤레스 지진이 일어나서 발표가 중단되었다. 일본에서도 고베가 지진 피해를 입어 요코하마 국제 평화회의장에서 묵념을 올리고 나서 이벤트를 개시하게 되었다. 일본의 판매자에게 하드웨어를 만들게 하기 위한 새로운 구상 발표의 책임자였던 나는 물론이고 베니오프 또한 세계에서 가장 자신의 제품을 반겨주는 일본의 이벤트에서 할 수 있는 일을 최대한 해내려고 했다.

그리고 이것은 둘이 오라클에서 몰두한 마지막 일이 되었다. 시대는 기업이 하드웨어나 소프트웨어를 보유하는 낡은 온프레미스On-premise 모델에서 네트워크 컴퓨팅, 클라우드로 움직이고 있었다.

베니오프는 앞으로 업계가 클라우드 모델로 옮겨갈 것으로 확신하고 오라클을 떠나 1999년 세일즈포스닷컴을 설립했다. 당시 클라우드 기반 서비스를 제공했던 곳은 넷스윗과 세일즈포스닷컴 두 곳뿐이었다. 넷스윗의 사장은 개발자였다. 내가 오라클에서 배운 것은 개발자가 사장인 회사와 마케팅 천재가 사장인 회사가 있으면 이기는 것은 후자라는 것이었다.

오라클은 마케팅과 영업 과정, 그리고 무조건 이긴다는 의식이 매우 강했다. 그래서 베니오프가 창업할 때 나는 그에게 투자하려고 했다. 결국 2000년 선브릿지는 미국 세일즈포스닷컴과의 공동 출자로 일본에 주식회사 세일즈포스닷컴을 설립했다.

베니오프는 경영자가 되고 나서 지금까지와 완전히 달라졌다고 해도 좋을 정도였다. 매니지먼트 팀과의 미팅에 동석해보니 그의 행동과 대처법이 전과 다르다는 것을 확연히 느꼈다. 프레젠테이션은 더욱 정교해졌고, 대담을 하면 텔레비전 프로그램 호스트처럼 재미있는 대화를 펼쳤다. 친밀감을 주는 미소는 변함없었지만, 회사를 세워 비즈니스를 성장시키면서 본인도 정말로 능력이 뛰어난 유능한 경영자가 되어갔다.

미국에서 온 청년

하지만 그런 베니오프에게도 고민이 있었다. 일본에서의 비즈니스가 생각처럼 진행되지 않았기 때문이다. 곤란해진 베니오프는 나와 사노에게 상담을 했다. 사노가 낸 아이디어는 젊은이에게 미국의 방식을 가르친 뒤 일본에서 실행하게 하는 것이었다. 당시 일본 오라클 회장이었던 사노는 "미국에서 대학을 졸업하고 오라클에 들어온 후쿠다라는 인재가 있어. 그를 교육하면 잘 될 것 같아"

라고 제안했다.

　내가 처음 후쿠다 야스타카와 만난 것은 일본 오라클이 5기에 접어들어 직원이 수백 명 규모가 되었을 때였다. 사실 그와 처음 만났을 때는 기억나지 않는다. 일본에서도 거의 접점이 없었고, 나는 본래 사람의 이름을 잘 기억하지 못해서 아내에게 "아이디어에는 관심이 있어도 다른 사람에게는 관심이 없구나"라는 말을 자주 들었다. 반면에 사노는 나와 달리 직원 개개인을 매우 잘 알고 있었다. 그런 사노가 추천하는 사람이니 정말 대단한 인물일지도 모른다는 것이 그에 대한 첫인상이었다.

　사노의 제안에 따라 후쿠다는 일본 오라클을 퇴직하고 세일즈포스닷컴 미국 본사에 들어갔다. 그곳에서 훈련을 통해 일련의 프로세스를 체험하고, 그 유효성을 이해하면서 자기 것으로 만들어나갔다.

　베니오프가 안고 있던 과제를 해결하기 위해 왜 후쿠다가 선택되었을까? 그것은 그가 하는 말을 들으면 알 수 있다. 그는 수치를 바탕으로 매우 논리적으로 논의를 진행한다. 그가 말하는 대로 하면 그 결과가 어떻게 될지도 예측하기 쉽다. 이 스타일은 베니오프를 비롯한 미국 경영진에게 받아들여졌고 그는 신뢰를 얻었다.

　필요한 것을 모두 습득한 후쿠다는 곧장 일본으로 귀국해 그 방식을 실천하게 되었다. 그러나 많은 사람이 그를 선뜻 받아들이기는 어려웠을 것이다. 미국 본사는 좋게 평가했을지도 모르지만, 일본에서 영업으로 올린 판매 실적은 없었다. 주변 사람들은 본사에서 온 그를 어떻게 대우하면 좋을지 갈팡질팡했다.

그러나 그에게는 근성이 있었다. 래리 엘리슨과 톰 시벨의 영업 철학처럼 할당량을 무조건 달성한다는 기개가 있었다. 내가 일본 오라클을 처음 시작했을 때, 전년도 매출이 49만 500달러였으므로 상사는 다음 해의 할당량을 두 배 올려 100만 달러로 했다. 한 해가 끝나갈 무렵 내 매출은 99만 5,000달러였다. 나는 전년도보다 매출을 배 가까이 늘렸으니 됐다고 생각했지만 상사는 목표 달성에 실패했다는 이유로 "자네는 영업직으로서 실격이야"라는 한마디를 던졌다.

후쿠다는 영업을 책임지고, 수치로 보여주며, 약속을 지킨다는 오라클의 문화를 확실히 계승하고 있었다. 그리고 미국의 세일즈 포스닷컴에서 배운 방식을 한층 더 진화시키려고 했다.

영업 프로세스의 개혁

당시의 업계는 전화로 접근하는 텔레세일즈와 방문해서 영업하는 필드세일즈로 완전히 나뉘어 있었다. 텔레세일즈는 대개 본사에 자리하거나 솔트레이크시티 혹은 피닉스처럼 인건비를 낮출 수 있는 곳에 둔다. 그리고 그곳에서 전미에 전화로 영업 활동을 한다. 전문 분야가 확실히 할당되어 있고, 일정 레벨에 미달하는 고객에게는 전화로 영업하고, 일정 레벨 이상의 고객은 직접 방문한다고 정해져 있었다. 고객을 만날 때마다 비행기를 사용하게 되는 미국에서 필드세일즈는 비용이 너무 많이 든다. 그래서 전화로 접근하여 판매한다. 텔레세일즈는 절대로 고객을 만나러 가지 않는다. 그게 당시 스타일이었다.

그러나 일본에서는 도쿄 시내라면 몇백 엔만 내고 전철을 타면 고객에게 갈 수 있다. 도쿄에 있는 고객을 만나지 않고 전화로만 판매하는 것은 예의에 어긋난다. 일본 법인이 그렇게 생각하는 것도 어쩔 수 없었다. 영업의 중심이 전화라고 해도 어느 타이밍이 되면 만나러 가는 편이 고객도 납득하기 쉽고, 전화로 들을 수 없는 정보도 얻을 수 있다.

일본으로 돌아간 후쿠다도 그 점을 똑같이 인식했다. 그는 리드가 상담으로 진행되는 환산율, 상담의 규모, 클로징까지 도달하는 기간 등 수치가 중요하다는 점, 그리고 전화만이 아니라 고객을 방문하는 일도 영업 프로세스에 추가해야 한다고 데이터를 섞어가며 설명했다. 베니오프는 그 주장을 받아들여 프로세스 변경을 승인했다.

이 변경의 영향은 컸다. 텔레세일즈는 필드세일즈가 되기 위한 훈련도 되는 직종이다. 본사의 필드세일즈 자리는 그다지 많지 않기 때문에 텔레세일즈 담당자는 빨리 성과를 내서 필드세일즈로 올라가고 싶다고 생각하는데, 실제로는 그렇게 간단히 되지 않는다. 그러나 텔레세일즈를 하면서 필요에 따라 고객을 방문할 수 있다면 그들의 업무에 대한 사고방식도 달라진다.

후쿠다가 이 방식을 도쿄에서 실행하지 않았다면 세일즈포스닷컴은 지금도 샌프란시스코와 더블린에서 전 세계 고객에게 계속 전화로만 영업했을 것이다. 그렇게 이 영업 스타일은 점차 업계 전체로 파급되어 갔다.

후쿠다는 그 후 전무 집행 임원, 시니어 부사장으로 일본의 비즈니스를 이끌다가 퇴직한 뒤 마케토 재팬Marketo Japan의 사장으로 취임해서 경영자의 길을 걷기 시작했다. 마케토 재팬을 설립할 때 나는 합작회사를 만들어 일본에서 비즈니스를 전개하기 위한 준비를 하고 있었다. 그 멤버에는 IBM 출신의 토니 네멜카도 있었다. 그가 후쿠다에게 연락해서 마케토가 일본 법인을 세우는데 거기 사장이 되지 않겠냐고 설득한 것이다. 네멜카가 세운 첫해 목표는 매우 높았다. 나는 이렇게 팔릴 리가 없다며 목표를 줄이려고 했지만 후쿠다는 네멜카의 목표보다 더 높은 금액을 제시해왔다. 내가 말려도 그는 자기 의견을 바꾸지 않았다.

하지만 내가 지나치게 높다고 생각했던 목표를 크게 웃도는 결과를 냈고, 그 후에도 분기별로 목표를 달성하지 못한 적은 한 번도 없었다. 이것을 실현한 것은 나의 투자 경력 중에서 두 명뿐이고, 오라클 시절의 경험까지 포함하면 3명밖에 없다. 오라클의 사노 지카라, 마크로밀Macromill의 스기모토 데쓰야, 그리고 마케토의 후쿠다 야스타카.

오라클에서 시작해 세일즈포스닷컴에서 갈고닦은 베니오프의 과학적인 마케팅, 그리고 파이프라인 생성과 디지털 마케팅에서 영업 프로세스까지 모든 것을 관리하는 방식을 완전히 이해하고, 실행해온 사람은 후쿠다 야스타카 이외에는 없다.

후쿠다 야스타카는 이 책에서 그가 계승하고 실천해온 비즈니스 방식을 정리하고, 그 전체상을 보여줄 것이다. 그리고 자신이 거기에 어떤 혁신을 추가하려고 하는지도 밝힐 것이다. 나도 그것을 기대하고 있다.

비즈니스에서 중요한 것은 재현성

"이미 움직이고 있는 것을 더 능숙하게 움직이는 일과, 하나에서 어떤 것을 만들어내는 일은 하늘과 땅만큼 다릅니다. 그리고 하나에서 뭔가를 만들어내는 과정에 관여한 사람만이 나중에 그 일을 자신이 했음을 실감할 수 있습니다. 앞으로 더 빠른 속도로 변화와 성장을 이룰 마케팅 세계에 자신의 족적을 남기고 싶은 분과 함께 일할 것을 기대하고 있습니다."

2014년에 마케토 일본 법인을 시작했을 때 내가 채용 페이지에 썼던 메시지다. 나는 1996년 사회인이 된 후, 운 좋게도 급성장한 기업에서 경험을 쌓을 수 있었다. 그 과정에서 성공 모델을 만드는 과정에 참여했던 사람과 완성된 다음 관여한 사람 사이에는 큰 차이가 있다는 것을 알게 되었다. 성공 모델이란 이미 완성된 모델이 아닌 완성에 이르는 과정에서 이루어진 몇 백 몇 천이라는 의사결정 프로세스 자체이기 때문이다. 그것을 자기 것으로 하면, 환경이나 조건이 변화해도 스스로 대응할 수 있다. 이것이 내가 비즈니스에서 가장 중요하게 생각하는 재현성(누가 해도 기본적으로 같은 결과가 되는 상태, 즉 같은 인풋을 했을 때 같은 아웃풋이 나오는 상태-옮긴이)이다.

최근 몇 년간 B2B 영업과 마케팅, 인사이드 세일즈(회사 내부에서 전화나 온라인으로만 고객을 상대하는 영업 업무-옮긴이), SaaS(사용자가 필요로 하는 서비스만 이용할 수 있게 하는 소프트웨어-옮긴이) 비즈니스 모델 등에 대해 상담을 받는 일이 많아졌다. 특히 2005년 미국에서 귀국해 마케팅, 인사이드 세일즈, 영업 분업체제를 The Model(더 모델)이라는 명칭으로 일본에 수입한 경험을 묻는 일이 많다. 사실 당시 세일즈포스닷컴 본사에서 그렇게 부르던 것은 아니었다. 이는 나를 포함한 여러 명의 프로젝트 멤버가 일본에서 전개했을 때 부른 호칭이며, 이렇게 많은 사람에게 퍼질 것이라고는 생각하지 않았다. 현재는 같은 회사의 일본법인, 나아가 업계 사람들에 의해 더 성장하고 세련되게 발전하고 있다.

신경 쓰이는 점이 있다면, 나에게 질문하는 사람들의 대다수가 조직체제나 평가지표만을 단순히 흉내 내려고 틀 자체에만 초점을 맞추는 경우가 눈에 띈다는 점이다. 어느 회사에나 그대로 적용할 수 있는 모델은 존재하지 않는다. 자신의 회사에 맞는 '더 모델'을 창조하는 것을 목표로 해주었으면 하는 마음에서 이 책을 집필하게 되었다.

어리석은 사람은 경험으로 배우고 현명한 사람은 역사로 배운다

오토 폰 비스마르크의 격언에 "Fools say they learn from experience. I prefer to learn from the experience of others"라는 말이 있다. "어리석은 사람은 자신의 경험으로 배울 수 있다고 생각하지만, 나는 타인의 실패에서 배우고 그것을 회피하는 것을 좋아한다"라는 뉘앙스다. 나는 이것을 내 식대로 "나 혼자 할 수 있는 경험에는 한계가 있다. 그러나 다른 사람의 경험을 연구해서 보완할 수 있다"라고 긍정적으로 해석하고 있다. 스스로 어느 정도의 프로세스는 체험하지 않으면 습득되지 않고 사회는 진화하지 않는다. 그리고 나서 타인의 경험을 배우고, 그것을 자기 것으로 할 수 있다면 커다란 가치를 지니게 될 것이다.

아직 경영자로서 스스로가 자신감이 넘치는 존재라 할 수는 없지만, 후진들에게 내 경험을 전달하고 성장에 이르는 과정을 유사 체험하게 해서 조금이라도 도움이 된다면 더할 나위 없이 기쁠 것이다.

이 책에서는 성공 체험만이 아니라 실패담, 그리고 내가 판단할 때 고려하는 점을 최대한 담으려고 했다. 새로운 비즈니스에 착수하는 사람들이 실제로 이 책을 활용해 꾸준히 효과를 볼 수 있기를 바란다.

후쿠다 야스타카

차례

제 4 부

세 가지 기본 전략

The Model

제 1 부

미국에서 본
새로운 영업 스타일

제1장
마크 베니오프와의 만남

영업 가능성에 눈을 뜬 순간

"야스타카, 일본인은 생산관리는 그토록 세심하게 하면서 왜 영업에 대해서는 아무것도 안 하는 거야?"

모 제조업의 클라이언트에 관한 일본과 미국의 전화 회의가 끝난 직후, 상사가 한마디 툭 던졌다. 일본 오라클에서 미국 주재원으로 로스앤젤레스에 파견되어 있던 나는 일본 기업의 미국 법인에 영업하는 활동을 지원하고 있었다.

'미국 영업방식은 일본과 다른가?'라는 생각에 불쑥 사무실 옆에 있는 대형 쇼핑몰 서점에 들어가 보니 세일즈 프로세스와 영업 관리에 관한 책이 수북이 진열되어 있었다. 심지어 내용은 '전설의 영업 사원' 같은 무용담이 아니라 영업 조직을 만드는 방법에서 영업 영역에 관한 사고방식, 급여 체계의 구축 등 매우 폭넓은 내용이 체계적으로 정리되어 있었다. 마치 경영학의 일부처럼 취급되어 있어, 제대로 된 학문으로 배울 수 있었다. 지금까지 일본에서 보고 들은 영업과는 전혀 차원이 달랐다. 서둘러 두꺼운 사전 같은 외국 서적을 5, 6권 구매해서 읽은 것이 진정한 의미에서 영업과의 첫 만남이었다.

그 무렵 큰 영향을 받은 책이 있다. 당시 일본어판이 막 발간된 《The Goal》이다. 조직을 만드는 방법이나 영업 영역의 설계, 타깃 기업이나 업종의 선정 방법 등은 어느 책이나 비슷한 내용이 쓰여 있었지만, 영업이 상담에서 수주까지 이르게 하는 프로세스에 대해 언급한 책은 거의 없었다. 있다 하더라도 첫 약속을 잡는 기술에 대한 비중이 컸다. 하지만 《The Goal》을 처음 읽었을 때는 정수리에 벼락을 맞은 듯한 충격을 받았다.

이 책에 담긴 방식을 고스란히 마케팅부터 영업 프로세스에 적용할 수 있다면 예산과 자원을 투입해서 매출을 얼마나 창출할 수 있을까? 게다가 병목 구간을 찾아내 지속적으로 개선해가는 수법을 도입하면 압도적인 경쟁 우위에 설 수 있지 않을까? 이때 흥분을 억누르지 못하고 노란 메모장에 어떤 영업 프로세스를 설계해야 할지 열심히 아이디어를 휘갈겨 쓴 기억이 있다.

나중에 세일즈포스닷컴에 입사했을 때 이때의 흥분이 되살아났는데, 당시 내가 맡은 일은 어디까지나 미국의 영업단에 필요한 일본어 관련 업무를 지원하는 것이 중심이었고, 내 아이디어를 시험할 기회는 없었다. 오히려 일본 기업의 주재원과 골프를 치거나 일식당에 가는 날들이 이어지면서 나는 앞으로 어떻게 경력을 쌓아야 할지 고민하기 시작했다.

마크 베니오프와의 만남

———

미국에 주재한 지 2년이 지나가던 2003년 여름, 경력의 전환기가 찾아왔다. 일본에 일시 귀국했을 때 사노 지카라가 롯폰기 힐스 최상층의 고급 회원제 레스토랑 힐스 클럽에 초대했다. 당시 사노 지카라는 일본 오라클 회장을 거쳐 이미 경영에서 물러난 상태였다. 처음에는 함께 있던 몇몇 멤버들과 담소를 나누었는데, 도중에 그가 "잠시 이리 좀 와보게"라고 해서 술집 창가 카운터에 앉자, 자연스럽게 "자네 세일즈포스닷컴이라는 곳을 알아?"라며 질문을 했다.

"들어본 적은 있는 것 같은데, 어떤 회사였죠?"

"오라클에 있던 마크 베니오프를 기억해? 만나본 적은 있는가?"

"아니요, 만난 적 없습니다."

"오라클은 그만두고 세일즈포스에 가게. 마크는 래리 엘리슨처럼 카리스마 있는 경영자야. 이제부터 터무니없을 정도로 성공할 사람이지. 그러니 세일즈포스에 가게."

일본 오라클에서는 퇴직을 신청한 사원은 예외 없이 사노 지카라가 스스로 면담을 실시해서 맹렬하게 설득하는 것으로 알려져 있었다. 그런데 나는 퇴직을 재촉받은 것이다. 솔직히 여우에게 홀린 기분이었다. 나중에서야 사노 지카라와 마크 베니오프는 오라클 경영진 중에서도 특별히 사이가 좋았고, 세일즈포스닷컴 설립에도 깊이 관여했다는 사실을 알게 되었다.

그렇게 뜻밖의 제안을 받은 후, 나는 로스앤젤레스로 돌아왔다. 그러자 며칠 뒤 마크 베니오프가 꼭 한번 만나서 대화를 해보고 싶다며 연락해왔다. 세일즈포스닷컴 본사는 샌프란시스코에 있었는데 마침 로스앤젤레스에 올 계획이 있다고 했다. 나는 곧바로 비벌리힐스의 호텔에서 면담을 하게 되었다. 호텔에 도착하자 베니오프는 "취재가 있으니 기다리게. 옆에 앉아 있어도 괜찮아"라고 말했다. 마침 LA타임스의 취재가 막 시작되려던 참이었다. 그렇게 레스토랑에서 이루어지는 취재에 나도 동석하게 되었다.

베니오프가 기자에게 열심히 말한 것은 이제 소프트웨어의 민주화 시대가 온다는 것이었다. 당시 세일즈포스닷컴 로고에는 No Software(소프트웨어 금지)라는 마크가 붙어 있었다. 당시 업무용 소프트웨어에는 방대한 초기 투자가 필요하고, 도입하는 데에 수고와 시간이 걸린다는 것이 상식이었다.

그들은 그 세계를 바꾸려 했다. 앞으로는 소비자가 아마존에서 책을 사는 것처럼 기업도 인터넷에 접속하는 것만으로 소프트웨어를 이용할 수 있게 된다. 도입한 소프트웨어에 스스로 복잡한 설정을 할 필요도 없다. 세일즈포스닷컴이 목표로 하는 것은 소프트웨어를 편리한 서비스로 손쉽게 이용할 수 있는 세계였다.

베니오프가 기자에게 SaaS(Software as a Service) 시대가 온다고 열정적으로 말하는 모습을 지켜보니 '만약 그럴 수 있다면 대단한 일이야. 세상이 바뀔지도 몰라'라는 예감이 뇌리를 스쳤다.

베니오프와 세일즈포스닷컴이라는 회사에 흥미가 생긴 나는 본격적으로 이야기를 진행하고자 샌프란시스코로 날아갔다. 이 회사의 첫 콘퍼런스가 열린다기에 참석했는데, 이것이 현재 세계 최대 규모의 콘퍼런스로 알려진 드림포스의 첫 회였다.

개최 중에 나는 세일즈포스닷컴 경영진과 면담을 하게 되었다. 나는 "북미의 도요타나 혼다, 닛산 등을 담당하고 있습니다"라며 대기업을 맡아본 경험을 어필했다. 하지만 그들이 입을 모아 물어본 것은 SMB 경험이 있느냐는 것이었다. SMB, 즉 중소규모의 기업에 대한 영업이나 마케팅 경험이 있는지 묻는 것이었는데, 이런 질문을 한다는 것이 의외였다. IT 기업이라면 예산이 충분한 대기업의 경험이나 인맥을 원하지 않을까 예상했기 때문이다. 중소기업 경험은 없지만 그것은 대리점이 커버하는 것이 아닌지 묻자 "그렇지 않습니다. 미국과 유럽에서는 중소기업에서 먼저 서비스를 도입해 성공 사례를 만들고, 이를 바탕으로 대기업으로 사업을 확장하려 합니다. 일본에서도 같은 성공 모델을 만들고 싶어요. 그러지 못하는 사람은 필요가 없습니다"라는 말을 들었다.

'운세가 적힌 종이' 위에 쓴 채용통지서

경영진이 중소기업 시장을 중시하는 것은 이해했지만, 그 방식이 일본에서도 통용되는 것일까? 나는 의문을 품은 채 면담을 마쳤고 벌써 설립 3년째를 맞이하고 있던 세일즈포스닷컴 일본 법인의 상황을 알고 싶었다. 결국 마크 베니오프에게 일본 멤버와 이야기하고 싶다고 요청해서 일본에 일시 귀국하기로 했다.

일본에서 만난 사람이 당시 일본 법인의 사장이었던 기타무라 아키라와 앨런 마이너다. 앨런과 나는 같은 시기에 일본 오라클에 몸

담고 있었지만, 직접 이야기하는 것은 이때가 처음이었다. 나는 즉시 의문점을 두 사람에게 던져보기로 했다.

세일즈포스닷컴의 주력 제품은 고객 데이터를 관리하는 CRM이다. 이제까지 내가 다루고 있던 회계나 생산관리 시스템 등의 ERP(전사적 자원 관리)와는 분야가 다르기 때문에 애초에 니즈가 있는지, 내가 팔 수 있을지 종잡을 수 없었다. 앞서가는 미국 시장에서는 폭넓은 가격대의 소프트웨어가 다수 갖추어져 있고, 대기업에서 중소기업까지 고객 관리나 상담 관리를 하는 것이 당연시되고 있었다.

일본 시장은 어떤지 물으니 "ERP 같은 솔루션은 기업의 업무가 돌아가는 데에 필요하기 때문에 반드시 어딘가의 제품을 도입합니다. 하지만 CRM은 없어도 업무가 돌아갑니다. Nice to have이지요. 있으면 좋을지 모르지만 Must가 아닌 것은 판매하기가 어려워요"라고 했다. 자사 제품인데도 말투가 차갑다고 당시에는 느꼈는데 나중에 그 의미를 알 수 있었다.

있으면 편리하지만 없어도 업무가 돌아가게 되면 그 필요성을 인식하게 하는 것이 시작이다. 최대의 경쟁 상대는 라이벌 기업이 아니라 '아무것도 하지 않는 것'이다. 이것은 판매하는 쪽에게 매우 높은 장애물이다. 앨런은 미국과 일본의 차이를 감안해서 과제에 대해 정중하게 가르쳐주었다. 미국 본사와 일본 법인을 연결하는 일에 가치가 있다고 느낀 나는 이 만남을 계기로 앨런과 지금까지 오랜 인연을 맺고 있다.

세일즈포스닷컴에 가야겠다고 입사 의지를 다진 나는 2004년이 되기 전에 연말연시 휴가를 겸해 일본으로 일시 귀국했다. 때마침 마크 베니오프 이하 몇 명의 간부가 일본을 방문했기에 나도 최종 면담이라는 차원에서 당시 에비스 비즈니스 타워에 있던 앨런의 회사 선브릿지의 사무실을 방문했다. 이 시점에서 마크 베니오프를 포함해 본사의 경영 간부는 나에게 별 기대가 없었을 것이다. 본격적으로 영업 활동을 한 적도 없고, 그들이 찾는 중소기업 시장에 대한 지견이 있는 것도 아니었다. 그저 사노가 추천한 인물이니까 시험해보자는 정도였을 것이다.

바로 그날, 그들은 신사에 가서 운세 뽑기를 했는데, 대길이 나왔다고 한다. 면담 말미에 영업 부서의 부장이었던 짐 스틸은 운세가 적힌 종이를 복사해놓은 곳에 채용에 관련된 내용을 쓱쓱 쓰기 시작했다. 그리고 마크 베니오프, 짐 스틸, 사노, 나 4명이 즉석에서 친필 사인을 해서 세일즈포스닷컴 입사가 결정되었다. 정식 채용서는 본사의 인사과에서 보내기로 했지만, 운세가 적힌 종이 위에 쓴 채용통지서는 그 후의 내 운명을 결정하게 되었다.

Dear Fukuda-san, January 1, 2001

I am pleased to offer you a position with salesforce.com as Japanese Strategic Account Executive with the following terms

incentive based on

if you make first year quota of ... in year 1.

Reporting to

1st 6 months in San Francisco. Training in

Performance review after 6 mos. w/ Jim, Marc + Sano-san

Will work on all Japanese leads and customers and also ... with

I concur: SFDC/S.

Fukuda
James W. Steele
Benioff
Sano

도요카와 제11번 대길

유록흥가업	문화달제도	운중승호전	겸득귀인부
복록이 있어 가업이 흥하고 번영하니	재능과 기예가 수도 이가 전해져 모르는	구름 속에 화살을 쏘듯 막힘없이 입신한다.	겸하여 귀인의 도움도 있다.

▼ 이 운세를 뽑은 사람은 천도와 관음을 계속 믿으면 겸하여 귀인의 도움이 있을 것.
▼ 병은 나을 것이다. 다만 의사에게 가야 한다.
▼ 좋은 일이 가득하다.
▼ 송사도 충분히 잘된다.
▼ 분실물을 찾는다. 설령 찾지 못해도 채워진다.
▼ 집을 짓거나 이사하거나 혼사 모두 좋다.
▼ 여행을 가도 좋다. 단 도중에 조심해야 한다.
▼ 기다리는 사람이 오지만 조금 늦어질 수도 있다.
▼ 다툼이나 분쟁에서 이긴다. 관음을 믿으면 좋다.

〈 운세가 적힌 종이 위에 쓴 채용통지서 〉

제 2 장
영업의 프로세스 관리

영업의 분업 체제

2004년 4월, 퇴직 절차를 거쳐 미국의 세일즈포스닷컴에 입사했다. 채용통지서에는 첫 반년 동안 샌프란시스코에서 중소기업의 영업 영역을 담당하고 있는 부사장 밑에서 일하기로 되어 있었다. 그러나 입사 첫날 출근하자마자 호출되어 처음에는 SR(당시 인사이드 세일즈의 명칭: Sales Representative의 약자) 운영부터 배우라는 말을 들었다. 당황했지만 SR로 일을 시작한 것은 결과적으로 내 경력에 큰 의미가 있었다.

이 부서는 일본에서도 최근 많은 기업이 도입을 시작하고 있는 인사이드 세일즈의 선두주자였다. 당시에는 나를 포함해 10여 명 있었고, 입사 동기는 3명이었다. 모두 20대 초반으로 IT업계 이외에서 이직해온 사람도 많았는데, 이 일을 계기로 새롭게 경력을 쌓고 싶다는 야심이 넘치고 있었다. 헝그리 정신과 경쟁의식이 뭉

친 사람들의 모임이었다. 행운이었던 건 경력이 적고 IT 지식이 없는 멤버가 많았기 때문에 매니저가 연수를 제대로 해줬다는 것이었다.

제품의 특성, 경쟁 상대와의 차별화 포인트, 상담에서 청취할 항목, 반론대응(Objection handling, 고객에게 질문을 받았을 때의 응수하는 화법) 등을 체계적으로 배울 수 있었던 것은 영업 기초가 없었던 나에게 매우 감사한 일이었다. 하지만 더 큰 의미가 있었던 것은 마케팅에서 인사이드 세일즈, 영업(필드세일즈)으로 이어지는 치밀한 프로세스 관리를 배웠다는 것이다.

미국에서 일을 시작하고 나서도 나는 영업책을 몇 권이나 읽었다. 대부분은 타깃 시장 선정, 어카운트 플랜의 작성 등에 대해 자세히 쓰여 있었지만, 유망 고객의 발굴에 대해서는 이메일이나 전화를 활용해 약속을 잡는 방법 등의 내용으로 한정되어 있었다. 그러나 연수에서 배운 것은 마케팅, 인사이드 세일즈, 필드세일즈의 분업 체제에 따르는 영업이었다.

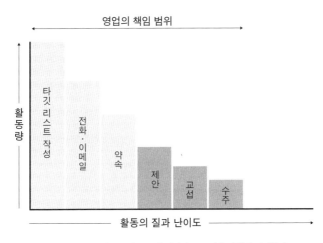

< 기존 형태의 영업 프로세스. 고객 접점의 모든 것을 영업이 커버한다 >

　기존의 영업은 프로세스의 모든 것을 커버해왔다. 스스로 상담을 찾는 것이 영업의 일이다. 제안서를 만들어 수주하는 것도 영업의 일이고 클레임이 발생하면 가장 먼저 찾아가 대응하는 것도 영업의 일이다. 이것이 기존에 영업이 지닌 이미지다. 그러나 여기에서는 프로세스를 분업하는 방식이라는 것이다.

　학창시절 야구부였던 나는 그때까지 선발 완투형 투수가 당연시되었던 일본 프로야구가 메이저리그의 선발투수, 중간계투, 마무리 투수의 분업으로 크게 달라졌다는 것이 떠올랐다. 노무라 가쓰야 감독이 당시 선발을 고집하던 에나쓰 유타카에게 구원투수의 중요성을 설명하며 함께 혁명을 일으키자고 설득했던 이야기를 책에서 읽었기에, 이런 분업체제는 영업의 혁명으로 이어질지도 모른다고 생각했다.

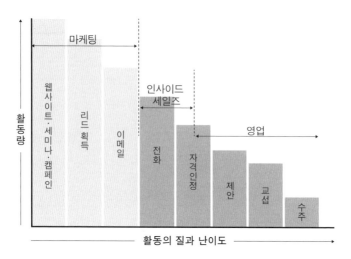

세로축: 활동량

가로축: 활동의 질과 난이도

마케팅

웹사이트·세미나·캠페인 / 리드 획득 / 이메일

인사이드 세일즈 / 전화 / 자격 인정

영업

제안 / 교섭 / 수주

〈 분업형 영업 프로세스. 수주까지의 프로세스를 분업 체제로 진행하는 효율적인 방식 〉

고도의 리드 관리와 영업 프로세스

연수 중에 충격을 받은 것은 단순한 분업이 아니라 프로세스가 제대로 정리되어 있다는 점이었다. 웹사이트에서 들어온 리드(유망 고객)를 적절한 타이밍에 관리해서 상담으로 만들고, 세일즈로 연결 짓는 모델이 도해로 만들어지고, 그 프로세스를 실행할 때의 엄격한 규칙도 정해져 있었다.

마치 공장의 생산 공정 관리 같다고 생각함과 동시에 이전에 읽었던 《The Goal》의 기억이 되살아났다. 이것이 미국 오라클의 상사가 말하던 영업의 프로세스화일지도 모른다. 내 것으로 만들 수 있다면 엄청난 무기가 되지 않을까 싶었다. 동시에 어디에서인가

본 풍경 같았다. 대학 시절에 하던 중학생용 교재 세일즈 아르바이트가 생각났다.

그 아르바이트는 기존 구매 명부를 보고 학생이나 주부가 무조건 전화를 거는 텔레마케팅 일에서 시작했다. 연결되지 않으면 △, 절대 전화하지 말라고 하면 X, 며칠 후에 다시 전화를 걸어달라고 하면 종이에 날짜를 적는다. 약속을 잡고 베테랑 영업 담당자에게 대화 내용을 메모한 시트를 건네면 개별적으로 방문한다. 나도 먼저 텔레마케팅부터 시작했다. 실적이 좋았던 나는 "아무래도 영업사원으로 보이는 사람보다 대학생이 판매하러 가는 편이 믿음직스러울 거야. 넌 외부에 나가도 돼"라는 사장의 말을 듣고 영업을 하게 되었다. 당시 한 세트에 50만 엔이 넘는 교재였다.

판매하는 상품은 다르지만 세일즈포스닷컴에서 하는 일은 그때와 크게 다르지 않았다. 차이점은 그 프로세스를 시스템에서 관리하고 있다는 점이었다. 그렇게 생각하니 내가 정말 팔 수 있을지 제안할 수 있을지 불안해하던 마음이 모두 사라졌다. 동네의 교재 세일즈 회사조차 비슷한 영업을 하고 있다. 이 방법을 도입하는 회사는 반드시 고객을 끌 수 있다고 직감했다.

연수 중에는 영어로 영업 대화를 녹음해서 매니저에게 보내는 등 미국인과 다를 바 없이 교육을 받았다. 그러나 지금은 특별대우 없이 교육해준 것에 감사하고 있다. 연수 기간이 끝난 후에는 귀중한 리드에게 내가 전화를 할 수 없기 때문에 베테랑 인사이드 세일즈 직원 옆에 붙어 운영을 철저히 관찰하게 되었다. 그날 전화하는 리드 리스트는 깨끗하게 정리되어 있고 웹사이트나 기업정보 데이터베이스를 체크해서 사전 지식을 머릿속에 넣는 시간을 가졌다. 전화를 걸 때의 다이얼의 스피드, 이력을 남기는 타이밍, 일정 이상은 끌지 않도록 핵심을 좁혀 효율적으로 처리하는 대화방식 등 실적을 남기는 인사이드 세일즈 직원은 기계처럼 정확했다.

덕분에 매니저는 1인당 인사이드 세일즈를 할 수 있는 월간 리드 수를 정확히 파악하고 있었다. 업무 시간 중에는 정보를 공유하는 미팅과 짧은 휴식 외에는 누구와도 말하지 않고 묵묵히 전화했다. 점심시간에도 서둘러 건물 1층에 있는 푸드코트에서 부리토를 사서 15분 만에 먹고 다시 일을 시작했다. 일본에서는 다 함께 담배를 피우러 가거나 업무 중에 수다를 떠는 광경을 자주 봤기에 일에 대한 그런 집중력에 놀랐다. 일본인은 워커홀릭이라고 하지만, 미국인의 집중력과 진한 밀도에는 못 미친다는 느낌이 들었다.

얼마 후 매니저가 일본에서는 아직 프로세스가 확립되어 있지 않지만, 인사이드 세일즈를 글로벌하게 공통으로 운영하고 싶으니 지금 있는 일본의 리드에 전화해서 데이터를 정비해달라고 했다. 시차가 있어서 그날부터 매일 오후 4시에 출근해서 아무도 없는 사무실에서 한밤중까지 일본에 계속 전화를 거는 생활이 시작되었다.

일단 전화를 해서 타이밍 좋게 상대방과 이야기를 나눌 가능성은 별로 없었다. 전언을 남기고 답변을 기다리고 싶었지만, 미국에 국제전화로 답변을 해달라고 할 수 없었기에 "다시 전화하겠습니다"라고 말할 수밖에 없었다. 답신할 전화번호를 알려주지 않느냐고 전화를 받은 사람이 수상해 한 적도 종종 있었다. 비효율적이었던 것은 사실이지만, 상담이 되지 않은 건 중에 제대로 관리하면 다음에 연결될 만한 것이 있음을 알게 되었다.

대략 100통을 걸면 반응을 얻는 것은 10건에서 15건 정도였지만, 제대로 프로세스를 통일해서 관리를 하면 누락을 막을 수 있을 듯했다. 그러면 생산성을 더 올릴 수 있지 않을까 하는 감이 잡혔다.

관리되지 않은 일본의 리드에 한 바퀴 전화를 돌리고 난 뒤에는 당시 막 설립된 아웃바운드 인사이드 세일즈 집단인 EBR(Enterprise Business Representative)에 대해 공부하라는 말을 들었다. 최근에는 ADR(Account Development Representative)이나 BDR(Business Development Representative)이라고 부르는, 타깃으로 설정한 기업에 관해 처음부터 전화로 접근하는 집단이다. 이쪽에서 접근하지 않아도 웹사이트 폼 입력을 통해 유입되는 인바운드 리드의 대다수는 중소기업이며, 대기업을 담당하는 영업 부서는 자신들이 상담을 발굴해야 한다. 그래서 시작한 것이 이 집단이다.

지금 주류가 된 어카운트 베이스드 마케팅(ABM) 발상과도 통하지만 인바운드 리드가 반드시 자신들이 노리는 기업에서 오는 것은 아니다. 자신들이 타깃으로 하는 기업에 어떻게 접근할 것인지를 생각하는 것이 이 집단의 역할이다.

결코 특별한 프로세스는 아니지만 인바운드의 운영과 마찬가지로 여기에서도 분업의 이점을 강하게 느꼈다. 영업 활동을 하다 보면 아무래도 지금 구매해줄 만한 고객에게 대응하는 일이나 제안서 작성에 많은 시간을 할애하게 된다. 한편 파이프라인을 작성하기 위해서는 꾸준히 신규 고객에게 접근하는 것도 빼놓을 수 없다. 하지만 눈앞의 안건과 신규 고객 개척, 이 둘을 혼자 감당하기에는 시간도 없을뿐더러 단거리와 장거리를 번갈아 뛰는 것처럼 리듬이 다른 일이라 좀처럼 작업 효율이 오르지 않는다. 분업하면 같은 리듬의 일에 집중할 수 있다. 그렇게 해서 효율이 오르고 점차 몰입해 갈 수 있다.

인사이드 세일즈의 전신인 SR에 대해서는 일본에 도입하면 곧바로 효과가 난다는 느낌이 들었지만, EBR은 실제로 재미 일본계 기업의 일본인 임원급을 대상으로 운영해본 결과, 이대로는 어렵다는 느낌을 받았다. SR의 경우 자료 청구나 무료 체험판 신청 등을 한 후에 전화를 걸기 때문에 대화의 기회를 잡을 수 있다. 그런데 EBR의 경우는 우선 자신이 어디의 누구인지 알리는 일부터 시작해야 한다. 특히 당시 세일즈포스닷컴의 인지도는 미국 내에서도 높다고 할 수 없었다. 시간을 들여 설명해봤자 관심 여부조차 알 수 없었기에 굉장히 비효율적이었다.

EBR은 다른 방법을 생각하지 않으면 일본에서 성공하지 못한다. 메일 주소조차 모르는 상대에게 어떻게 접근해야 할지 생각하던 중에 당시 읽었던 《최고 결정권자를 움직이는 영업기술(Selling to VITO)》를 참고해서 편지를 쓰기로 했다. 광고라고 여겨서 버리지 않도록 백지봉투에 넣거나 애초에 개봉하는 것을 귀찮아하지 않도록 FAX를 보내기도 하면서 시행착오를 반복했다.

FAX로 그럭저럭 약속을 잡게 되었지만, 상대는 항상 전화가 아니라 만나서 설명하라고 했다. SR이나 EBR 같은 인사이드 세일즈는 영업(필드세일즈)과 달리 외출하지 않아야 대량으로 업무를 처리할 수 있으므로 설명하기 위해 방문하면 분업 체제를 두는 의미가 없어진다. 그 후 나는 중소기업을 담당하는 AE(Account Executive)의 상담에 동석하게 되었는데, 무려 AE도 전부 전화로 판매하는 모델을 실천하고 있었다. 상담이 이루어질지 확인할 때까지 전화로 하는 것은 알고 있었지만, 실제로 상담을 진행할 때는 직접 만나서 제안할 것이라고 생각했기에 꽤 놀랐던 기억이 있다.

당시 동료에게 "고객이 전화하지 말고 만나러 오라고 하지 않아?"라고 질문하니, "예전에는 그런 경향도 있었지만 2001년 테러 이후에는 비행기 출장을 자제하는 기업이 늘어나서 웹 회의가 급속히 늘어난 것 같아. 상대방도 익숙해서 문제없어"라고 말해주었기에 이해가 갔다. 나도 미국 오라클에서 일할 때는 로스앤젤레스 지역만으로도 광대해서 차량 이동에 상당한 시간을 빼앗겼다. 연간 5만 km는 운전했던 듯하다. 게다가 샌프란시스코, 시카고, 인디애나, 켄터키, 오하이오, 뉴욕에 있는 고객들을 만나기 위해 수시로 비행기를 타고 이동해야 했다. 방문을 웹 회의로 바꿀 수 있다면 하루에 6건 정도는 여유 있게 처리할 수 있다. 실제로 웹 회의에서 순조롭게 상담이 진행되는 것을 본 나는 압도적으로 높은 생산성을 확신했다.

영업의 경력 경로

SR, EBR, AE 등 몇 가지 직종에 대해 배우는 동안 눈 깜짝할 새에 첫 석 달이 지났다. 2004년 7월, 갑자기 매니저에게 "마크가 이제까지 무엇을 배웠는지 설명하라는군. 준비해줘"라는 말을 들은 나는 재빨리 몇 장의 슬라이드에 생각을 정리했다. 그 핵심은 다음 다섯 가지였다.

1. 마케팅, 인사이드 세일즈, 영업의 분업 체제 모델로 중소기업 시장을 공략하며, 이 모델은 일본에서도 전개할 수 있다.
2. 특히 SR 운영에 대해서는 이른 단계에서 효과가 나온다고 생각된다.
3. EBR 운영에 대해서는 일본과 비즈니스 관습에 차이가 있으므로 전개하는 데에 과제가 남는다. 다만 기본적인 사고방식은 답습할 수 있을 것이다.
4. SR → EBR → 중소기업 AE → 대기업 AE의 분업 체제는 경력 경로도 되고, 인재 육성도 겸하고 있다.
5. 각 부서의 역할을 명확히 하는 것이 생산성을 높이는 열쇠다.

네 번째 핵심은 경력 경로에 관해서인데, 당시 함께 일했던 멤버가 프로모션(승진) 형태로 점점 역할을 바꿔나가는 모습을 보고 이것에 대해 생각하게 되었다. 나는 그 멤버가 모처럼 높은 성과를 남긴 것이 아깝다고 생각해서 당시 영업 부서의 간부를 찾아간 적이 있는데, 그는 이런 영업 조직 자체가 아카데미 같은 교육 기관의 역할을 담당하고 있다고 다음과 같이 설명해주었다.

"지금 업계의 톱클래스 영업사원은 좀처럼 우리에게 입사해주지 않아. 그러니 업계의 경험이 없는 사람을 채용해서 먼저 SR(현재의 인사이드 세일즈) 일을 하게 해. 상대는 어느 정도 우리 일을 인지하고 있고, 어떤 과제를 가지고 있으니 경험이 없는 사람이라도 이야기하기는 쉬워. 일단 수많은 유망 고객과 이야기하면 제품 지식, 듣기 능력, 반론 대응 등 기본적인 영업 기술을 습득할 수 있어.

EBR이 되면 완전히 흥미가 없는 상대가 관심을 보이게 하는 고객 발굴 기술을 갈고닦는 거야. 다음으로 중소기업의 AE가 되면 SR에서 상담이 넘어오니까 클로징 기술을 철저히 갈고닦는 거지. 그리고 최종적으로 대기업을 대상으로 대규모 상담을 정리해가는 대기업 AE로 성장하는 거라네."

젊은 사원이 선배의 시중을 들면서 업무를 배우는 것이 아니라 하나의 일에 집중해 수많은 경험을 하게 해서 위로 끌어올린다. 미국에는 미경험자라도 수준별로 능력을 개발하면서 요구되는 업무를 처리할 수 있도록 키워나가는 경력 경로가 확실히 구축되어 있다. 어느 쪽이든 이점과 단점은 있지만, OJT(직장 내 훈련)처럼 회사에서 붙여준 사람에 의해 운명이 갈리는 경우는 없다. 명확한 실력주의로 경력의 단계가 올라가는 세계가 신선했고 미국답다고 생각했다.

영업 경력을 생각할 때 이 부서에서 배운 것은 커다란 수확이었고 지금 내게 어떤 기술이 부족한지 생각하는 계기도 되었다.

측정할 수 없는 것은 관리할 수 없다

———

다섯 번째 핵심은 부서별 역할과 핵심성과지표(KPI)를 명확히 하는 것이다. 기존의 영업 스타일은 약속을 잡고, 상담, 수주 후 관리까지 전체를 영업이 담당하며, 확인하는 수치는 매출이나 고작해야 방문 건수 정도라는 회사가 많을 것이다. 이대로는 실적이 좋지 않을 때 어떤 대책을 세워야 할지 판단하기가 어렵다. 분업 체제의 이점은 최종적으로 매출만을 보는 것이 아니라 각 프로세스를 담당하는 부서의 성과를 평가하는 중간지표를 설정하고, 어디에서 병목현상이 있는지 파악해서 바로 대책을 세우는 데에 있다.

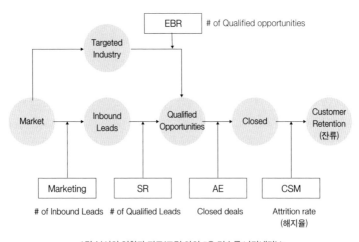

〈 각 부서의 역할과 지표(그림 안의 #은 건수를 나타낸다) 〉

위의 그림은 당시 부서 역할과 목표를 설명하기 위해 내가 작성한 것이다. 시장에서 리드를 획득하는 것이 마케팅이고, 리드를 상담으로 바꾸는 것이 인사이드 세일즈(SR)이며, 상담에서 수주하는 것이 필드세일즈(AE), 시장 전체 중에 타깃으로 하는 기업과 업종에서 상담을 만드는 것이 아웃바운드 인사이드 세일즈(EBR), 수주한 고객을 유지하는 것이 커스터머 석세스 매니저(CSM)의 역할이 된다. 각 부서는 인바운드 리드, 상담 작성 건수, 수주 상담, 해약률 등의 지표로 평가된다. 이런 지표의 달성도에 따라 개개인의 보수가 달라진다.

나는 이 다섯 가지 핵심과 고찰, 일본과 미국의 현 상황의 차이를 데이터와 함께 매니저에게 제출했다. 며칠 후 호출이 와서 회의실로 가니 당시의 상사 외에도 영업부서와 운영 쪽 간부 등 몇 명이 모여서 갑자기 "마크가 지금 당장 일본으로 돌아가서 이대로 실천하라고 말했네. 바로 귀국하기를 바라네"라고 했다. 이때는 내가 설명한 내용이 합격점을 받았다는 기쁨보다 예상 밖의 지시를 받아 동요하는 마음이 컸다.

채용통지서에는 미국 근무가 2년 동안이라고 했으므로 "적어도 내년 3월까지 기다려주시지 않겠습니까?"라고 교섭했지만 그렇게 길게는 기다릴 수 없다는 답이 돌아와 한동안 실랑이가 이어졌다. 그러나 "아직 마케팅과 커스터머 석세스에 대해서는 간단한 경험밖에 하지 못했습니다. 이런 부서도 경험하고 싶습니다"라고 의뢰해서 마침내 유예를 허락받았다.

제 3 장
더 모델의 그 앞으로

새로운 콘셉트를 어떻게 전달할 것인가

———

귀국까지 반년 이상 유예를 받았지만, 즉시 이 운영 방식을 일본 법인에 설명하라는 지시가 내려와 운영 부서의 부장, 내 상사를 포함한 3명이 일본으로 출장을 가게 되었다. 우리는 다시금 마케팅, 인사이드 세일즈, 영업의 분업 체제 그리고 무엇을 중간 지표로 계측하는지를 심플한 그림으로 작성하기로 했다.

본래는 대기업 시장을 공략하는 아웃바운드형 접근이나 파트너 기업과의 협업 등 다양한 패턴에 의거한 흐름이 존재했지만, 이때는 일본에서 아직 전개되지 않은 인바운드 리드를 축으로 한 중소기업 시장 전용의 흐름을 도입하는 것이 목적이었기에 우리는 논의를 통해 이 패턴에 특화된 자료를 만들어냈다. 미팅 마지막에 새로운 콘셉트를 확실히 전달해서 상대가 받아들이기 위해서는 뭔가 알기 쉬운 이름이 있는 편이 낫겠다 싶어서 "이것이 우리의 표준이다"라는 의미의 '더 모델'이라고 이름 붙였다.

당시 미국 본사에서 이 그림을 그렇게 불렀던 것은 아니다. 어디까지나 수많은 마케팅과 영업 프로세스의 패턴 중 하나에 불과했다. 하지만 현재 많은 사람이 이 모델에 주목하고 활발하게 논의하는 것을 보면 이미 하나의 프레임워크가 된 듯하다.

일본 귀국과 실천의 나날들

그 후 2005년 3월에 귀국한 나는 드디어 직접 중소기업 시장 전용 조직을 만들고 운영을 실천하게 되었다. 머리에 충분한 지식이 들어 있고, 해야 할 일도 보였다. 빨리 시작하고 싶어 몸이 근질근질한 상태였다. 그러나 과제가 없었던 것은 아니다.

당시에는 중소기업 시장에 주력하고 있는 일본의 소프트웨어 벤더가 적었고, 직판으로 하는 것은 효율이 낮다고 생각하는 것이 당연했다. 우선 파트너와 함께 판매망을 구축하는 것이 일반적이었다. 나도 주변에서 "자사의 인사이드 세일즈나 영업으로 커버하다니, 그렇게 적은 인원수로 될 리가 없어", "일단 전화로 이야기를 듣다니 실례잖아. 일본 고객이라면 먼저 만나서 설명하는 게 상식인데. 이래서 미국물을 먹으면 곤란하다니까"라는 이야기를 들었다. 그래도 내가 주변 목소리에 휘둘리지 않고 일을 계속할 수 있었던 것은 두 가지 점에서 운이 좋았기 때문이다.

하나는 성공 체험이 없었던 것. 과거에 다른 회사가 일본 중소기업 시장에서 성공을 거둔 나름의 방식이 있었다면 나는 그 경험에 의존했을 것이고, 자사에서 인사이드 세일즈와 직판영업을 키우는 일은 성공할 리 없다고 생각했을 것이다. 성공 체험이 없다는 것은 불안으로도 연결되지만, 오히려 "뭐든지 솔직하게 해보자, 잘 되지 않으면 그때 고민하면 돼"라고 생각할 수도 있다. 그야말로 초심자 마인드라고 할 수 있다.

또 하나는 일본을 떠나 미국에서 일을 해서 객관적으로 일본을 볼 수 있게 된 것이다. IT업계만이 아니라 "일본인은 품질에 대한 요구가 높다", "일본 시장은 ……이라고 하는 점에서 독특하다"라며 일본의 독자성을 주목하는 사람들이 많았다. 그러나 차이점에 눈을 돌리기보다 공통점을 보고 그것을 이용하는 것이 훨씬 의미 있다.

예를 들어 일본에서는 금액의 많고 적음에 관계없이 상담 시에는 반드시 영업사원이 방문했지만, 미국에서는 고객의 직원 수나 상담금액마다 명확한 기준이 있어서 필요 없다고 판단되면 방문하지 않는다. 이런 운영을 어떻게 할 것인가? 갑자기 미국과 같은 기준을 적용하지는 않았지만 일단 과거 상담을 금액을 기준으로 몇 개의 범위로 나누어 건수나 수주율 등을 맞추어 분석하는 것부터 시작하기로 했다.

모든 안건에 방문하는 일은 멈춘다. 대신 웹 회의로 고객과 소통할 것을 제안했다. 멤버에게 "후쿠다 씨, 일단 방문하는 편이 빨라요"라는 말을 몇 번이나 들었다. 그러나 시도해보니 일본의 고객도 굳이 방문해서 영업하는 데에 부담을 느끼고 있었고, 그것이 약속을 거절하는 이유가 되었다는 것도 밝혀졌다. 뭔가 제안하고 싶다면 설명하러 오는 것이 도리라고 생각하는 사람도 있고, 아직 정보 수집 단계인데 판매를 하러 오면 귀찮다고 생각하는 사람도 있다. 웹 회의는 후자의 환영을 받았는데 "우리 영업에도 도입하고 싶습니다"라고 말하는 사람도 있었다.

결정한 것을 바로 실행하며 적용이 잘 되는 것과 안 되는 것을 구분해 가기 시작했다. 그리고 일본의 현상이라고 믿고 있던 것이 실태와 다르다는 것도 알게 되었다. 미국에서 배운 것을 우직하게 시험해보면서 반응을 보고 조금씩 수정하기를 반복한 결과, 귀국한 지 반년 정도 지났을 무렵부터 단숨에 성장 궤도에 올라 비즈니스가 확대되어 갔다.

신규 리드는 언젠가 한계에 이른다

나는 일본의 세일즈포스닷컴에서 합계 9년간 일하면서 전반에는 방정식대로 비즈니스를 순조롭게 확장할 수 있었다. 그러나 해가 지나면서 새로운 과제가 나왔다. 그것은 신규 리드가 계속 늘어나지 않는다는 것이었다.

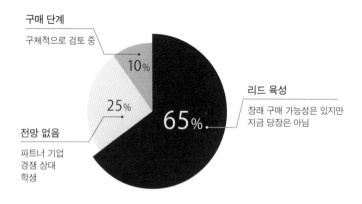

구매 단계
구체적으로 검토 중

10%

리드 육성
장래 구매 가능성은 있지만
지금 당장은 아님

25%

65%

전망 없음
파트너 기업
경쟁 상대
학생

〈 신규 리드의 65%는 유망 고객. 지속적인 관리가 필요하다 〉

　처음에 세미나, 전시회, 웹사이트 전환 등을 거쳐 들어오는 대부분의 리드는 신규 리드다. 그러나 세미나도 회를 거듭하면 이전에 참가한 사람의 비율이 증가한다. 웹사이트도 마찬가지다. 날이 갈수록 순수 신규 리드의 비율이 줄어든다.

　원래 B2B의 검토형·고액 상품에서는 리드 획득 단계에서 구체적으로 검토하는 것은 전체의 10% 정도이다. 25%는 파트너, 학생, 경쟁 상대 등 장래에도 구매에 이르지 못하는 층 그리고 나머지 65%는 나중에 구매 가능성은 있지만 당장은 아닌 사람들이다. 뒤집어 보면 65%의 리드는 시간이 걸려도 돌아올 가능성이 있다는 것이다.

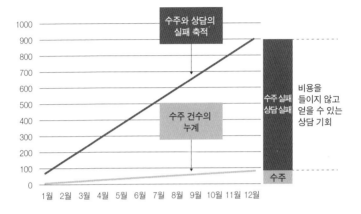

한 번 상담까지 진행해도 도중에 수주를 놓치기도 한다. 수주한

한 번 상담까지 진행해도 도중에 수주를 놓치기도 한다. 수주한 후에도 원래라면 업셀(Up sell, 기존 제품보다 업그레이드된 제품을 더 비싸게 판매하는 것-옮긴이), 크로스셀(Cross sell, 같이 구매하면 좋은 제품을 함께 판매하는 것-옮긴이)의 가능성이 있는데, 영업 관리가 따르지 못해서 방치 고객이 되기도 한다. 즉 비즈니스를 계속할수록 이런 상담에 이르지 않는 리드, 수주와 관리에 실패한 기존 고객 수는 증가해간다. 여기부터 다시 상담화 프로세스로 재활용(순환)시키는 흐름을 만들어, 다시 유망 고객이 생기면 극적인 효과를 얻을 것이다.

이러한 접근이 어느 정도의 영향을 초래할지는 위의 그래프를 보면 알 수 있다. 예를 들어 월간 신규 리드가 100건. 그중 20%를 상담화하고 수주율은 30%라고 가정하면 매달 수주 건수와 수주 실패, 상담에 실패한 건수의 누계에는 큰 차이가 벌어진다. 중요한 것은 수주와 상담에 실패한 리드에는 더 이상 리드 획득의 비용이 들지 않는다는 것이다. 즉 대폭으로 마케팅 비용을 압축할 가능성이 있다. 이러한 과제에 대한 솔루션으로 등장한 것이 마케팅 자동화 Marketing automation이다.

마케토와의 만남

마케팅 자동화 자체의 역사는 오래되었다. 1992년 설립된 유니카를 시작으로 1999년 엘로콰, 2000년대 중반 마케토, 허브스팟, 파닷 등이 설립되었다. 2000년대 중반 이후에 기업이 집중적으로 설립된 것은 웹 마케팅의 진화에 따라 시책이 다양화되었기 때문일 것이다. 게다가 미국에서 마케팅, 인사이드 세일즈, 영업의 분업 체제로 비즈니스를 확장하는 방법이 널리 퍼지는 한편, 비즈니스 확장에 어려움을 느끼는 기업이 증가하던 시기이기도 했다. 그 무렵 컨퍼런스의 전시 부스에서 마케팅 자동화의 존재를 알게 된 나는 직감적으로 이것을 도입하면 3분의 1의 인원으로 매출을 두 배로 늘릴 수 있다는 가능성을 느꼈다.

그러던 어느 날 링크트인을 통해 마케토가 접촉해왔다. 마케토는 세일즈포스닷컴의 파트너 기업으로 컨퍼런스에서는 반드시 가장 눈에 띄는 자리에 부스를 차렸다. 그 마케토가 일본 법인을 설립하는데 나에게 마케토의 대표가 되지 않겠냐고 제안한 것이다.

마케팅 자동화에 대해서는 비록 개요 정도를 이해하는 수준이었지만, 그것이 노동집약형 세일즈&마케팅에서 벗어나는 해결책이라고 느끼고 있었다. 내 흥미와 일치할 뿐 아니라 회사 자체를 토대부터 내 손으로 만들어낼 수 있다. 그동안 내가 배워온 것이 통할지 시험할 수 있는 기회 같았다.

그때까지 이직 생각 없이 악착같이 일해왔지만 이대로 정년까지 같은 일을 한다는 것은 상상할 수 없었다. 한편으로 내가 점점 보수적인 사람이 되는 것은 아닐까 하고 느껴질 때가 점점 많아졌다. 그런 때 만난 어느 경영자의 말이 인상에 남았다. 그는 맨땅에서 사업을 일으켜 큰 성공을 거두었지만, "지금 회사를 매각하고 다시 처음부터 시작하고 싶을 때가 있어"라고 말했다. "이렇게나 성공했는데 왜 그런 생각을 하십니까?"라고 묻자 "여기까지는 정말 잘 해왔고 성공했다고 생각하지만, 10년이 지나면 점점 할 수 있는 일의 폭이 좁아진다네. 사업을 막 시작했을 무렵에는 여러 가지 선택지가 있어. 그런데 시장전략, 마케팅전략, 인재채용을 결정하다 보면 동시에 제약도 생기지. 나중에는 여기를 이렇게 하는 게 나았다고 생각해도 돌이킬 수 없는 일이 정말 많아. 처음부터 다시 하면 더 잘할 수 있을 텐데. 그런 생각이 많이 들어"라고 말해주었다. 이 말이 내 가슴에 깊게 박혔다. 나도 똑같은 느낌이 들었기 때문이었다.

하지만 쉽게 결정을 내리지 못한 것도 사실이다. 그래서 답변을 질질 미루다가 2014년 초에 "슬슬 결정하셔야 해요. 빨리 일본 법인을 시작해야 하고, 다른 후보자도 올라오고 있으니까요"라는 말을 들었다. 내가 하지 않으면 다른 사람이 이 일을 하게 될까? 그렇게 생각하니 다른 사람을 시키고 싶지 않았다. 이 일은 마케팅에서 인사이드 세일즈, 영업으로 이어지는 운영을 해온 내가 가장 잘할 수 있다고 확신했기 때문이다. 마케토에 입사하기로 한 나는 퇴직 절차를 거쳐 2014년 6월 마케토 재팬을 출범시켰다.

지금까지는 내 경험을 축약해서 빠르게 설명했지만, 제2부 이후부터는 내가 배우고 실천해온 비즈니스의 사고방식을 정리하면서 설명해가겠다.

The Model

제 2 부

분업에서

협업으로

제 4 장
두 가지 변화

기존의 영업으로는 통용되지 않는 시대로

———

현재 많은 기업이 영업을 과학화하는 것에 관심을 보이고 있다. 매출 향상을 위한 툴을 이용해 그날그날의 영업 활동을 관리하는 기업의 수는 최근 10년간 비약적으로 증가했으며, 분업 프로세스인 '더 모델'을 참고로 조직을 개혁하는 기업도 나왔다. 최근 일본에서 인사이드 세일즈 부문이 각광을 받고 있는 것은 그 결과일 것이다.

다만 이 모델을 마케팅이 획득한 신규 리드를 인사이드 세일즈가 빠르게 관리해서 상담으로 진행될 것을 선별해 영업에 넘겨주는 분업 운영으로만 이해하면 실행단계에서 앞이 막힐 것이다. 안타깝지만 그런 방식으로는 더 이상 통하지 않는 시대가 되었다.

제2부에서는 그 이유를 설명하고자 하는데 그 전에 자주 나오는 용어와 툴의 개요를 설명하겠다.

기본적인 용어

SFA(Sales Force Automation)는 '영업 지원 시스템'이라고 불리는 영업 활동을 관리하는 툴의 총칭이다. 영업 업무 자체는 다방면에 걸치기 때문에 벤더에 따라 툴의 특성과 제공되는 기능은 다르지만 기본적인 기능으로는 영업의 활동기록, 일보관리, 콘택트 정보 관리, 상담 정보 관리 등을 들 수 있다. 특히 B2B에서는 CRM(Customer Relationship Management)과의 구분이 애매해지는 경우도 많다. CRM 속에 SFA의 기능이 포함된다고 생각하는 사람도 있고 SFA가 진화한 것을 CRM으로 평가하는 사람도 있다. 이 책에서는 영업이 상담을 관리하는 툴을 SFA라고 부르기로 한다.

리드Lead는 유망 고객으로 번역되는 경우가 많은데 이것도 사람에 따라 해석이 갈리는 용어 중 하나다. 최근에는 리드를 더욱 세세하게 MQL(Marketing Qualified Lead, 마케팅 부서가 평가해서 인사이드 세일즈에 넘겨도 된다고 인정한 리드), SQL(Sales Qualified Lead, 인사이드 세일즈가 평가해서 영업 부서에 넘겨도 된다고 인정한 리드) 등으로 분류하게 되었다. 이 책에서는 전시회에서 얻은 명함 정보, 웹사이트의 입력 폼에서 얻은 접속 정보 등 자사가 보유하는 잠재 고객의 모든 콘택트 정보를 리드라고 표현하고 있다. 그 속에는 유망 고객이라고 부를 수 없는 콘택트 정보도 존재하므로 유망 고객과는 의미가 조금 다르다. 이 책에서는 이런 리드 정보를 분류하고, 수주로 진행시켜 나가기 위한 프로세스를 소개한다.

퀄리피케이션Qualification은 일정한 기준을 충족하고 있는지 판단하는 것을 가리키지만, 영업에서는 'Marketing Qualified Lead',

'Sales Qualified Lead'와 같이 마케팅에서 인사이드 세일즈로, 인사이드 세일즈에서 영업으로 리드나 상담을 보낼 때 각 부서 간에 사전 합의한 기준을 충족하고 있는지 확인하는 것을 의미한다. 제조 공정의 검품 작업과 같은 개념이며 앞 공정에서 품질을 담보해서 후속 공정의 부하를 줄이거나 재작업을 줄이는 역할을 한다.

파이프라인Pipeline은 상담이 수주에 이르기까지의 프로세스 관리를 말한다. 일반적으로는 제안, 견적 제출, 최종 교섭 등 단계별로 관리를 실시한다. 예전에는 영업 부서에서 상담의 수주 확실성을 관리하는 경우가 대부분이었고, 각 상담이 어떤 상태인지 논리적으로 판단하는 기업은 적었다. 특히 일본 기업은 영업이라고 하면 고객과의 관계 구축을 중시하던 배경도 있어서 일본에서 탄생한 SFA는 대부분 영업 활동이나 일보 관리가 중심이었다. 그런데 미국발 SFA의 보급과 함께 상담의 파이프라인 관리가 확장되었다.

이 외의 용어에 대해서는 기회가 있을 때마다 보충할 것이다. 용어 설명은 이 정도로 하고, 일반 소비자와 비즈니스의 세계에서 지금 무슨 일이 일어나고 있는지 살펴보도록 하자.

고객의 구매 검토 프로세스의 변화

예전에 기업의 구매 담당자는 자사에서 제품, 서비스의 도입을 검토할 때 그것을 제공하는 기업이나 대리점에 직접 문의해서 영업 담당자를 만나 정보를 제공받았다. 그 시대에는 영업 인맥이 얼마나 넓은지, 대리점망이 얼마나 널리 퍼져 있는지에 따라 다른 경쟁사와 차별화가 정해졌다. 정보를 입수하는 수단이 한정되어 있었기 때문이다.

그 후 인터넷이 보급되자 기업은 웹사이트의 활용을 시작했지만, 2000년대 전반에는 기업 사이트의 콘텐츠가 별로 충실하지 않아서 회사 소개나 제품 카탈로그를 웹으로 대체한 수준에 그치는 것이 많았다. 더 자세한 정보를 알려면 사이트에 자료를 청구하고 이름, 회사명, 전화번호 등의 연락처를 폼에 등록해야 했다.

기업 측은 이렇게 전환하는 구조를 설치했지만, 그런 리드 정보는 마케팅 담당자나 창구역할을 하는 회사의 메일 주소로 전송될 뿐 제대로 관리되지 않았다. 혹은 스프레드시트로 변환된 리스트가 영업 부서에 건네졌지만, 영업 담당자가 계속 관리하는지는 아무도 모르는 상황이었다.

이런 환경이었기 때문에 웹사이트에서 리드를 획득함과 동시에 바로 인사이드 세일즈에 통지되어 즉시 전화를 걸도록 운영하는 것은 분명 차별화가 되었다. 그것은 당연한 일이었다. 비교 검토 중인 여러 회사의 웹사이트에 자료를 청구했을 때 한 회사만 바로 접근해오면 그 회사의 이야기를 먼저 듣는 것이다. 이렇게 운영하면 성과가 나오는 것을 알아차리자 '대단하다. 우리 회사에서도 꼭 실천하고 싶다'라고 생각하는 기업이 늘어났다.

또 그 당시에는 리타겟팅(Retageting, 온라인상에서 사용자의 활동을 토대로 해서 각각 다른 광고를 내보이는 방식-옮긴이) 광고의 구조를 모르는 사람도 많아서 "어느 웹사이트를 봐도 그 회사의 광고가 나오네. 기세가 대단한 회사야"라고 해석하게 했다. 그런 시대라면 리타겟팅 광고로 유망 고객을 추적해서 폼 입력으로 전환함과 동시에 전화를 거는 운영 방식을 고집해서 매출을 늘릴 수 있었을지 모른다. 지금도 이런 식으로 일정한 확률로 고객 상담을 만들 수 있다. 하지만 그만큼 불쾌해하는 사람도 확실히 늘어났다. 이런 운영을 하는 기업에서 고객의 마음은 멀어질 것이다.

고객 인게이지먼트가 중요한 시대로

얀켈로비치 파트너스의 조사에 따르면 사람들이 보는 기업의 마케팅 메시지는 1970년대에 하루 500개 정도였는데, 2004년에는 10배인 5,000개까지 증가했다고 한다. 오늘날 그 수는 최대 만 개에 달한다고 하며 기업의 마케팅 메시지는 계속 증가하고 있다. 내가 고객의 입장에서 생각하면 정말로 그렇게 많은 메시지를 보고 있는지 의심스러울 정도의 수치다. 그런데 바로 그 의문이 이 조사가 전달하는 가장 중요한 핵심이다. 우리는 당연히 하루에 5,000개의 메시지를 보고 있다고 실감하지 못하며, 그 태반을 무의식적으로 지나치고 있다.

매스컴 광고나 아날로그 광고가 중심이었던 시절에는 한정된 틀을 얼마나 차지하느냐에 따라 승부가 났지만, 디지털 시대에는 발신할 수 있는 양에 제한이 없다. 그리고 양이 늘어날수록 고객은 그것을 소화할 수 없다. 고객이 보는 5,000개의 마케팅 메시지 중에서 어떻게 고객에게 전달되는 메시지로 남을 것인지는 기업의 사활이 걸린 문제다.

인간은 자신이 누구인지, 어떤 상태인지 상대방이 파악해주기를 바라며 자신이 관심을 두고 있는 정보를 제공해주기를 바란다. 예전에, 아마존을 통해 꿀과 기저귀를 각각 구매한 사람들에게 보툴리누스증(보툴리누스균에 오염된 벌꿀을 섭취했을 때 생기는 식중독. 소화기관이 발달하지 않은 영아는 사망에 이를 수도 있다-옮긴이)을 주의하라는 메일이 보내져 화제가 된 적이 있었다. 한편 많은 사람의 메일 박스에는 분명히 누구에게나 같은 내용을 일괄적으로 보내고 있음을 알 수 있는 정기 메일 매거진이 자꾸 쌓인다. 고객은 보내오는 메시지나 커뮤니케이션 방법을 보고, 그 기업이 고객 시점에 서 있는지 아닌지를 판단한다.

또 원더맨의 조사에 따르면 미국 소비자의 79%는 구매를 검토하기 전이라도 "기업은 당신을 이해하고 걱정하고 있습니다"라는 것을 적극적으로 나타내야 한다고 생각하고 있다. 고객의 60% 이상은 구매 의사를 결정하는 데에 가격 이상으로 고객 체험이 중요하다고 생각한다는 조사 데이터도 있다. 그렇기 때문에 메시지나 콘텐츠가 고객의 관심과 들어맞는 것, 고객에게 최적의 채널과 타이밍에 전달되는 것이 요구된다.

이것은 B2C(Business to Consumer)만의 이야기가 아니다. B2B에서도 자료를 청구하자마자 영업사원이 전화를 하면 '이 영업사원은 속도감이 있네'라고 감탄하는 사람이 있는가 하면, '일단 자료를 청구했을 뿐인데 갑자기 전화를 하다니 귀찮네. 메일을 보내주면 나중에 읽어볼 텐데'라고 생각하는 사람도 있을 것이다. 즉 마케팅, 영업, 구매 후에 이르기까지 모든 접점에서 고객 체험을 높여 인게이지먼트(engagement, 고객이 참여하고 공유하는 반응-옮긴이)를 강화하는 것이 중요해진다. 그리고 이 변화는 기업에게 마케팅과 영업의 방법을 바꾸라고 촉구한다.

영업이 접점을 가지기 전에 승부는 난다

2012년에 시리우스 디시전이 발표한 조사 데이터는 많은 사람에게 충격을 주었다. 그것은 정보 수집, 비교 검토, 의사결정이라는 구매 프로세스 중 전반의 67%는 영업 담당자가 접촉하기 전에 끝났다는 것이다. 또한 2015년 포레스터의 리포트에 따르면 B2B 바이어의 75%는 영업 담당자에게 구매하는 것보다 웹사이트에서 구매하는 것을 편리하게 생각한다고 한다.

이러한 조사 데이터는 하나의 예에 지나지 않는다. 정보 수집에서 비교 검토까지 그 대부분을 고객이 독자적으로 하고, 그 결과 선택된 기업에만 문의가 간다. 이것은 제품, 서비스 도입 검토의 주도권이 판매하는 쪽의 영업 담당자에서 구매하는 쪽의 구매 담당자로 넘어갔음을 의미한다.

즉 고객은 구매의 프로세스를 자신이 정한 타이밍에, 자신이 믿을 수 있는 유익한 정보를, 자신이 선호하는 방법으로 입수해서 영업 담당자를 통해서가 아니라 자신의 페이스로 진행하고 싶어 한다. 그리고 자신을 이해해주는 기업에서 구매하고 싶어 한다. 뛰어난 고객 체험은 가격이나 상품 자체보다 중요한 의사결정의 기준이 되는 것이다.

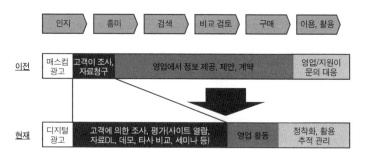

| 인지 | 흥미 | 검색 | 비교 검토 | 구매 | 이용, 활용 |

| 이전 | 매스컴 광고 | 고객이 조사, 자료청구 | 영업에서 정보 제공, 제안, 계약 | 영업/지원이 문의 대응 |

| 현재 | 디지털 광고 | 고객에 의한 조사, 평가(사이트 열람, 자료DL, 데모, 타사 비교, 세미나 등) | 영업 활동 | 정착화, 활용 추적 관리 |

〈 인지에서 구매, 이용과 활용에 이르는 접점의 변화 〉

이 변화를 알기 쉽게 표현한 것이 위의 그림이다. 이전에는 구매 프로세스 중에서 영업이 차지하는 역할과 범위가 압도적으로 컸다. SFA를 도입한 기업은 영업 활동이나 상담 프로세스를 관리해서 큰 효과를 낼 수 있었다. 그런데 현재는 영업이 접촉하기 전 고객에 의한 조사와 평가의 프로세스가 중요도를 늘리고 있어, 상담이 이루어진 이후의 프로세스를 세세하게 관리하는 것만으로는 불충분하다.

많은 기업은 조사와 평가 단계를 일괄적으로 리드로 관리하고 있다. 그러나 그러한 리드를 상담 프로세스처럼 검토 스테이지 등에 맞추어 분해하고, 그때 고객이 원하는 정보를 제공하는 커뮤니케이션이 가능하다면 경쟁에서 압도적으로 우위가 될 것이다.

이런 One to One 마케팅은 개념적으로는 오래전부터 존재했지만, 실천이 불가능하다고 여겨졌다. 고객 수가 늘어날수록 개개인을 이해하기가 어렵고 인력도 많이 들기 때문이다. 그러나 최근 디지털 전환으로 모든 기업이 손을 뻗을 수 있는 시대가 되었다. 새로운 디바이스와 채널의 보급으로 디지털상의 고객 체재 시간이 압도적으로 증가해서 그 행동을 트래킹하는 테크놀로지가 발전해왔기 때문이다.

데이터 분석으로 고객의 행동을 이해한다

《2018년 판 정보 통신 백서》에 따르면 개인의 스마트폰 보유율은 60%를 넘었고, 태블릿형 단말기까지 포함한 모바일 단말기의 소유율은 84%에 달했다. 기술의 진화는 기업의 광고와 마케팅 기법에도 파급되어 텔레비전, 라디오, 인쇄물 중심이었던 기업과 고객의 접점이 웹사이트, 이메일, 인터넷 광고, 소셜 미디어로 확산되었다. 고객 접점이 디지털로 전환되자 많은 데이터가 축적되어 온라인의 행동 데이터를 분석해 고객의 행동이나 기호를 읽게 되었다. 그리고 마케터는 테크놀로지를 구사하고 고객을 이해하며 마케팅의 계획을 입안해서 고객과의 중장기적인 관계를 구축하게 되었다.

이런 변화에 따라 스콧 브링커가 매년 발표하는 마케팅 관련 테크놀로지(마테크)의 카오스맵에 지금까지 존재하지 않았던 카테고리가 속속 신설되고 있다. 고객의 디지털 행동 데이터 등을 수집하고 분석해서 고객 프로파일을 올바르게 이해하기 위한 것, 웹이나 소셜, 모바일 등 새로운 고객 접점에 대한 광고나 동영상, 채팅이나 메일, 웹 등 마케팅 메시지의 개인화를 통해 고객 체험을 높여가는 것 그리고 이런 마케팅 테크놀로지의 사령탑이 되는 마케팅 자동화 등 다양한 카테고리가 존재한다. 맵에 포함된 마테크의 수는 2011년에는 약 150종류였는데, 2018년에는 6,829종류까지 증가해서 확실한 카오스 양상을 띠고 있다.

SFA만 사용하는 경우 이름, 주소, 전화번호와 같은 속성정보, 영업사원이 입력하는 상담 정보, 오프라인의 고객 활동 이력만 관리할 수 있었다. 부서나 직급 등의 속성 정보는 변경될 수도 있고, 활동 정보는 사람이 입력하기 때문에 아무래도 누락이나 주관이 들어갈 수도 있다. 이래서는 그 고객을 알기 위한 충분한 정보라고 할 수 없다.

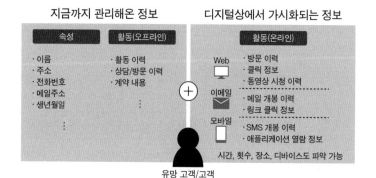

〈 오프라인과 온라인에서 가시화되는 정보 〉

한편 마케팅 자동화를 활용하면 온라인 행동을 트래킹할 수 있어 웹사이트 방문 이력, 클릭 정보, 동영상 시청 이력, 메일의 개봉과 클릭, 모바일 애플리케이션 열람 정보 등 다양한 행동 데이터를 얻을 수 있다. 고객의 디지털 전환이 진행될수록 모이는 데이터가 증가해서 더욱 정밀도 높은 고객 프로파일 분석이 가능해진다. 유입된 리드를 빠르게 관리하기만 했던 방식에서 벗어나 각 고객의 인게이지먼트를 강화하고 영업과 접점이 생기기 전에 고객에게 선택받는 존재로 진화하기 위해 마케팅 자동화는 필수 무기인 것이다.

비즈니스의 성장이 가져오는 변화

———

고객의 정보 환경 변화가 구매 검토 프로세스를 바꾸어 갔듯이 기업에서도 사업이 성장해가는 과정에서 일어나는 변화나 시간축을 고려해야 한다. 예를 들어 10억 엔의 수주 목표에 대해 상담 단가, 수주율, 인사이드 세일즈가 관리한 리드 중 상담으로 이어지는 상담화율 등을 적용해보면 필요한 상담 수나 리드 건수를 계산할 수 있다.

지표	타깃
수주 목표	¥1,000M
상담 단가	¥5M
수주 건수	200
수주율	30%
상담 수	666
상담화율	20%
리드 건수	3,333

(M=100만)

〈 10억 엔의 수주 목표를 어떻게 실현할 것인가 〉

이 표를 밑에서 위를 향해 보면, 리드에서 어느 정도의 상담이 생겨야 수주에 이르면 10억 엔이 달성될 수 있는지 알 수 있다.

이것만 보고 있으면 이런 지표를 추적해서 목표치의 달성을 의식하면 잘 될 것 같은 착각에 빠진다. 단기간이라면 가능하겠지만 결코 오래가지 못한다.

영업효율 개선에는 한계가 있다

SFA를 도입한 기업은 대부분은 상담 건수의 증가와 수주율 향상을 보인다. 그 이유는 단순하다. 도입하기 전에는 스프레드시트로 관리했거나 영업의 머릿속에만 있던 것을 상세하게 가시화해서 관리하게 된다. 그로 인해 입력 누락이 줄어서 매니저 등의 관계자가 적절히 관리할 수 있기 때문이다. 지금까지는 10건 중 2건밖에 수주하지 못했는데 수주율이 개선되어 3건, 4건으로 늘어나기도 한다. 그러나 그것이 6건, 8건으로 계속 증가하지는 않는다. 백전백승의 영업은 존재하지 않기 때문이다.

솔루션 제안형 상품에서는 일반적으로 30% 정도의 수주율이면 우수하다고 한다. SFA는 수주율이 20%로 정체되어 있는 조직을 30%로 끌어올릴 수는 있어도 수주율을 60%, 70%로 끌어올릴 수는 없다. 개선은 어디서든 반드시 한계점이 온다. 그 시점에서 매출을 늘리려면 영업 인원을 늘리거나 상담 단가 즉, 상담에서의 견적 가격을 올리는 수밖에 없다. 하지만 인력을 늘리려 하면 일단 개선된 수주율을 유지하기 어렵다. 아무리 채용에 각별히 신경 쓴다고 해도 항상 즉시 전력이 되는 인재만을 채용할 수는 없기 때문이다. 입사 후 안정적인 실적을 올리게 되려면 일정 기간이 걸리고, 그사이 조직 전체의 수주율이 떨어진다. 또 영업 인원이 늘어나면 그 멤버를 관리할 매니저 육성도 필요하다. 퇴직자가 나오면 곧바로 충원

한다고 해도 전력이 크게 줄어든다.

비즈니스 초기 단계에서 획득하는 리드는 얼리어답터 층이므로 상담으로 쉽게 연결된다. 원래 그 제품의 존재를 알고 기다리고 있거나 상당히 이해가 깊은 사람이 압도적으로 많기 때문이다. 그러나 사업 성장기에는 얼리어답터 이외의 대상에 어떻게 접근할 수 있을지가 열쇠가 된다. 유입되는 인바운드 리드를 기다리는 것만으로는 이 층을 획득하기 어렵다.

그래서 전시회에 참여해서 자사를 인지하지 못하거나 관심이 없는 사람에게 증정품 등을 배포하고 명함을 얻거나 자사의 서비스와 직접 관계없는 저명인과의 제휴 기획 등 다양한 방법으로 새로운 리드를 얻으려고 한다. 그러나 양을 확보하려고 할수록 리드가 서비스 자체에 보이는 관심이 줄어들어, 리드에서 상담이 이루어지는 비율은 틀림없이 낮아질 것이다. 사업이 성장하는 과정에서는 양과 바꾸어 어느 정도의 질을 희생하게 된다.

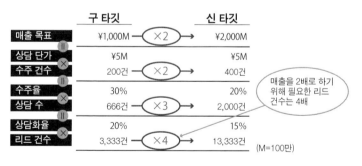

〈 20억 엔의 수주 목표를 어떻게 실현할 것인가? 〉

이것은 비즈니스에 어떠한 영향을 줄 것인가? 위의 그림은 그것을 나타낸 것이다. 수주 목표가 10억 엔에서 두 배인 20억 엔이 되었다고 하자. 상담 단가를 일정하게 할 경우 필요한 상담 건수는 단순히 배가 되기 때문에 영업을 상당수 늘려야 한다. 앞서 설명했듯이 조직을 확대하면서 전체 수주율을 높은 수준으로 유지하는 것은 매우 어렵다. 적어도 사업계획상으로는 보수적으로 잡아야 한다. 예를 들어 이 수치를 20%라고 하자. 리드의 증대에 따라 질이 저하되므로 상담화율도 낮아질 것으로 생각된다.

이상의 가설을 세우면 수주 목표가 2배인데 반해, 필요한 리드 수는 무려 4배가 된다. 하지만 3장에서 말했듯이 신규 리드는 반드시 한계점에 도달한다.

퍼즐을 푸는 하나의 선, 재활용

그러면 어떻게 이 패러독스를 해결할 수 있을까? 조금 전의 시뮬레이션을 다른 그림으로 바꾸어 생각해보자. 오른쪽의 그림은 상하 두 개로 나뉘어 있다. 그림의 상단을 보면 입구의 리드 건수를 늘리거나 중간 지표가 되는 상담화율과 수주율을 올리는 것 외에 매출을 올리는 방법은 없다.

그러나 하단 그림과 같이 또 다른 루트를 덧붙이면 해결책이 보인다. 즉 리드에서 상담으로 넘어가는 과정에서 지금은 성사되지 않는다고 판단되어 상담이 되지 않았던 리드. 상담이 진행되었지만 수주는 놓친 건수. 고객이 되었지만 관리가 누락되는 바람에 업셀 기회를 잃은 기존 고객. 이것을 다시 검토 프로세스로 되돌린다면, 즉 재활용하면 신규 획득으로는 따라잡지 못하는 필요한 리드 수를 보충할 수 있다.

게다가 이 재활용 상자에 쌓여가는 리드는 사업 연수가 지날수록 가속도로 늘어난다. 이 단 하나의 새로운 선을 의식하느냐 하지 않느냐에 따라 그야말로 비즈니스 구조가 달라진다.

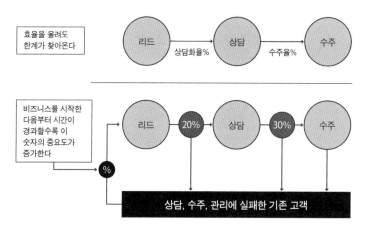

〈 상단의 그림에서는 효율을 올려도 한계가 찾아온다. 그것에 새로운 루트를 덧붙인 것이 하단의 그림이다 〉

제 5 장

분업의 부작용

부서 간의 대립이 창출하는 마이너스 루프

———

고객과 기업, 두 변화에 이어 또 하나의 과제로 분업의 부작용을 꼽고 싶다. 마케팅이 리드, 인사이드 세일즈가 상담 수, 영업이 매출, 이렇게 부서별로 프로세스를 분담해서 맡고, 주어진 목표치를 따라가는 분업의 이점은 각각의 전문성이 높아져 효율적이고, 어디에 과제가 있는지 가시화되므로 대책을 세우기 쉽다는 데에 있다. 하지만 잘 될 때는 좋지만 비즈니스가 정체되면 쉽게 균열이 생긴다. 그 메커니즘에 대해 설명하겠다.

먼저 각 부서에 실적 평가 지표를 설정하면 팀원들은 그 목표치를 우선 달성하려고 한다. 앞서 말한 재활용의 개념이 없이 신규 리드의 획득에만 관심을 기울이는 기업에서는 신규 리드가 감소했을 때 마케팅 부서가 모든 수단을 동원해 리드 건수를 확보하려고 한다. 단기간에 수를 늘리려고 하면, 전시회 등 자사에 직접 관심이 없을지 몰라도 단번에 대량의 명함을 확보할 수 있는 시책으로 흐르기 십상이다. 그때 인사이드 세일즈는 어떤 행동을 보일 것인가?

우선 월 단위로 부과된 상담화 건수의 목표를 달성하기 위해 상담화 하기 쉬운 리드를 우선적으로 찾기 시작한다. 당연히 과거의 리드를 꼼꼼히 파헤치기보다 새로운 신규 리드에 주목한다. 그중에서도 상담이 이루어지기 쉬운 리드 소스(유입 경로)를 우선적으로 추적할 것이다.

예를 들어 온라인 무료 체험판을 등록하거나 e북을 다운로드한 대상은 구매 의욕이 높은 유망 고객이라고 생각된다. 한편 전시회 등을 통한 리드는 방문자가 정보 수집을 위해 검토하지 않아도 명함을 두고 가는 경우가 많아서 바로 상담이 되기가 어렵다. 결과적으로 무료 체험판이나 e북에 관련된 리드에게만 열심히 전화하고, 전시회 등에서 얻은 리드는 뒤로 미루게 된다.

신규 리드를 한 바퀴 돌고 나면 드디어 과거 리드를 관리하기 시작한다. 그러나 SFA를 도입해서 리드 관리를 하고 있는 경우라도 의지할 수 있는 정보는 회사명이나 연락처 등 기본 정보와 리드를 획득한 날짜, 과거 메일이나 전화의 활동 이력 등 텍스트 정보(이것조차 제대로 남아 있으면 좋은 편이다)에 한정된다. 게다가 활동 이력 등의 정보는 인사이드 세일즈나 영업 담당자가 입력하기 때문에 정보에 주관이 들어가서 애초에 입력한 당시와 상황이 달라졌을지도 모른다. 텍스트 정보가 주가 되므로 세분화에도 활용할 수 없다. 어느 리드부터 순서대로 접근할지, 어떻게 관리할지 정리하기도 어렵다.

필연적으로 인사이드 세일즈 개인이 자신이 담당하는 과거 리드에게 메일을 보내거나 옛날 그대로의 콜 리스트에 마구 전화해서 약속을 잡는 것과 다름없는 운영 방식이 펼쳐진다. 이것은 전형적인 노동집약형 업무다. 비효율적인 운영으로 숫자를 늘리려고 하면 인력으로 커버하는 수밖에 없다. 인사이드 세일즈의 인원이 매출 성장과 함께 계속 늘어나는 회사는 이 패턴에 빠진 것은 아닌지 의심해볼 만하다.

인사이드 세일즈를 통한 상담 공급이 줄어들면 영업은 "아직 확정되지 않은 상태라도 좋으니 넘겨주세요"라고 말하기 시작한다. 기회만 있으면 다음에 연결될 수 있다고 생각하기 때문이다. 그 결과 전망이 희박한 고객에게 많이 방문하면 본래 집중해야 하는 고객의 관리나 제안의 질이 낮아져 영업 생산성이 떨어진다. 그런 상황을 보다 못한 영업 부서 매니저는 마케팅 부서에 리드가 부족하다고 압박한다. 그렇게 되면 처음으로 되돌아가서 끝없이 마이너스 루프가 계속 된다.

분업에서 협업으로

그렇다면, 이 마이너스 루프에서 벗어나려면 어떻게 해야 할까? 그러기 위해 기업 조직의 본연의 자세에 대해 되돌아보고자 한다.

지금까지 많은 기업은 기능별 조직, 즉 고객 시점이 아닌 사내의 업무 프로세스 시점으로 만들어진 부서가 개별적으로 최적의 움직임을 보이는 모델이었다. 이 시대에는 영업이 매출의 책임을 도맡아서 마케팅과의 연계가 얕고, 마케팅이 매출에 어떻게 공헌하는지도 설명하기 어려운 상황이었다. 그곳에 마케팅, 인사이드 세일즈, 영업의 분업 체제를 도입하자 매출에 이르는 프로세스가 명확해졌고, 어느 곳에 문제가 있는지 파악하기 쉬워졌다. 한편으로 각 부서별로 자신들의 목표 달성에만 치중하는 데에서 문제점이 생긴다는 것은 앞서 설명한 바와 같다.

그룹으로 나누면 사람은 적대한다

이상적인 조직을 만들기 위한 모델을 생각할 때 잊지 말아야 할 점은 애당초 인간이라는 생물 자체가 어느 그룹에 소속하게 되면 자신의 그룹에 소속되지 않은 외부의 존재에 적대 의식을 품는다는 것이다.

사회심리학자 무자퍼 셰리프의 유명한 연구 중에 '도둑 동굴 실험'이 있다. 실험에서는 소년들을 여름 캠프에 데려가 공동생활을 시켰다. 소년들은 그룹 A와 그룹 B로 나뉘어 각각 하이킹 등을 체험하며 동료의식을 높여갔다. 잠시 시간을 두고 이들에게 다른 그룹이 근처에서 여름 캠프를 하고 있음을 알려주었다. 그리고 A와 B그룹에게 스포츠 경기를 하게 해서 성적이 좋은 쪽에 트로피를 주겠다고 하자 양쪽에 대한 적대감이 커져서 상대에게 공격적이 되었다. 이 관계를 회복하려고 두 그룹이 함께 불꽃놀이를 하거나 파티를 하는 등의 기획을 했지만 효과가 없었다.

최종적으로 양쪽의 관계가 개선된 것은 A와 B 그룹이 공동으로 작업할 수밖에 없는 목표를 주었을 때였다. 차단된 식수 공급을 되돌리고, 꼼짝 못하게 된 트럭을 협력해서 끌어내는 작업을 시키자 많은 소년이 자기들 그룹보다 상대 그룹의 멤버를 친구로 선택하는 경우가 나타나기 시작했다.

이 실험이 시사하는 점은 인간은 그룹으로 나뉘는 순간 적대하기 쉬운 생물이라는 점, 그리고 대립하는 두 그룹의 관계를 개선하려면 단순히 접촉 횟수를 늘리거나 의사소통의 내용을 개선하는데 그치는 게 아니라 함께 작업을 해서 달성할 수 있는 공통의 목표가 효과적이라는 점이다. 이를 회사 조직으로 바꿔보면 분업 모델이 잘 안 되는 이유가 보일 것이다. 각 부서가 다른 그룹으로서 분단되어, 다른 지표를 부여받고, 그것을 추구해나가는 미션이 주어진다. 협력하기보다 적대적인 행동을 하는 것은 오히려 자연스러운 일이라고도 할 수 있다.

협력할 수밖에 없는 목표를 주어라

잭 웰치는 저서 《잭 웰치 위대한 승리》에서 전 릴라이언스 일렉트릭Reliance Electric 회장 겸 CEO이었던 척 에임스의 말을 소개했다. "회사의 급여 제도를 보여주면 사원이 어떤 행동을 할지 바로 맞혀보겠다."

팀이든 개인이든 자신이 무엇으로 평가받느냐에 따라 사람의 행동이 달라지는 것은 만국 공통이다. 조직 사이에 있는 보이지 않는 벽을 넘으려면 각 부서의 멤버들이 공동 작업으로 목표를 달성한다는 의식이 철저히 있어야 한다. 회사 조직에는 이익, 현금 흐름,

주가 등 추구하는 지표가 몇 가지 있다. 그러나 모든 것의 시작은 매출이다. 그렇다면 사원이나 각 부서가 매출을 올리기 위한 프로세스를 얼마나 올바르게 이해하고 그것을 향해서 공동 작업을 하는 조직을 만들 수 있을지가 열쇠가 된다.

셰리프의 실험이 시사하는 바는 마케팅, 영업, 인사이드 세일즈 담당자가 회식 자리에서 친해져도 별 효과가 없다는 것이다. 캠프 실험에 참가한 소년들이 식수 공급을 되살리거나 진흙탕에 빠진 트럭을 끌어낸 것처럼 하나의 목표를 향해 하나가 될 수밖에 없는 공동 작업이 필요하다.

분업이 아닌 협업으로 전환하려면 어떻게 해야 할까? 이 책의 독자는 마케팅에서 인사이드 세일즈, 영업이나 커스터머 석세스에 이르는 일련의 흐름을 퍼널(깔때기)에 비교해 설명하는 것을 본 적이 있을 것이다. 그 흐름은 언제나 한 방향이다. 마케팅 담당이 인사이드 세일즈 담당에게 리드를 넘기고, 인사이드 세일즈 담당은 상담으로 만들어 영업 담당에게 넘긴다. 영업 담당은 수주한 상담을 커스터머 석세스 담당에게 넘겨서 고객 관리가 시작된다. 효율적인 것 같지만 이대로는 각자 '우리 업무 범위만 처리하면 돼'라는 마음이 된다.

여기에서 필요한 것은 반대의 흐름을 만드는 일이다. 커스터머 석세스 담당이 고객과 접하면서 어떤 부분에서 고객이 곤란한 일을 겪는지 연구하고 제품 개발과 마케팅 메시지에 반영시킨다. 또한 영업 담당이 제안한 활동 중에 기대치 설정이 잘못된 것이나, 고객 만족을 높이기 위해서 어떠한 자원이나 프로그램이 필요한지 정보를 피드백한다. 영업 담당은 인사이드 세일즈 담당에게 실제로 방문했을 때의 내용을 피드백하고, 인사이드 세일즈 담당이 상담을 만들 때의 코멘트와 괴리가 있으면 피드백한다. 인사이드 세일즈 담당은 실제로 리드와 대화해서 고객이 콘텐츠나 이벤트에 대해 어떤 느낌을 가지고 있는지, 어떤 캠페인을 실시하면 효과적인지 등을 사용자의 육성으로 마케팅에 피드백한다. 이런 쌍방향 흐름이 실현되었을 때 매출 향상이라는 공통 목표에 대해 공동 작업을 한다는 감각이 싹틀 것이다.

치프 레비뉴 오피서(CRO)가 주도하는 시대

이런 조직을 이끌려면 강력한 리더십이 필요하다. 최근 몇 년 사이 미국에서 늘고 있는 치프 레비뉴 오피서(CRO, Chief Revenue Officer)라는 직책은 해결책이 될 수도 있다. 이는 회사 전체의 매출을 책임지는 입장이며 마케팅, 영업, 인사이드 세일즈, 컨설팅, 커스터머 석세스 등 매출을 창출하는 과정에 관련된 모든 부서를 통솔하는 역할을 맡는다.

흔히 인사이드 세일즈 부서는 영업 아래도 마케팅 아래도 아닌 독립된 조직으로 존재해야 한다거나 앞으로는 마케팅이 중심이 되어 치프 마케팅 오피서(CMO)에게 큰 권한을 부여해야 한다고 말하는 사람들이 있다. 나는 어느 쪽의 논의도 별로 의미가 있다고 생각하지 않는다. 부서가 대등하다거나 누가 중심이 되어야 한다는 논의에는 고객이 빠져 있기 때문이다.

중요한 것은 고객의 생활 주기 전체를 부감하고, 관련 부서를 어떻게 기능하게 할지 생각하는 일이다. 사람을 채용해서 커버할 것인지, 테크놀로지의 힘으로 자동화할 것인지 등 항상 튜닝하면서, 전체적으로 최적을 도모하는 역할이 필요하다. 매출(레비뉴)을 창출하는 모델을 만들고 실천하는 리더가 CRO라는 존재다.

제 6 장
수익 모델의 창조

실전에서 통하는 모델이란

제2부를 정리하며 내가 최근 10여 년 동안 개선을 거듭해오면서 실전에서 사용하는 수익 모델의 도입에 대해 설명하고자 한다. 실전에서 통용된다고 하는 만큼, 개념만으로도 안 되고 프로세스만으로도 부족하다. 프로세스를 움직이는 것은 결국 사람이다. 아무리 과학적인 프로세스를 도입해도 그 사이에 사람이 있는 한, 휴머니티를 무시해서는 절대로 기능하지 않는다. 이 책의 후반에서 '사이언스'인 '프로세스 설계'와 '아트'인 '사람의 마음의 움직임'에 대한 고찰을 섞어가며 설명하는 것은 그 때문이다.

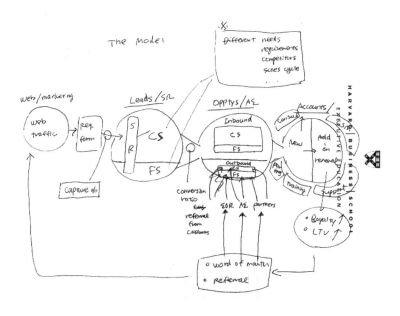

〈 2004년 당시의 수익 모델 〉

이 그림은 2004년, 아직 미국에 있을 무렵에 매출을 창출하는 모델 전체를 표현하기 위해 어떻게 해야 할지 시행착오를 겪으면서 그린 대략적 메모이다.

왼쪽 끝에 있는 원은 웹사이트를 중심으로 한 마케팅을 나타낸다. 웹으로 가는 트래픽을 최대화해서 폼 입력을 통해 리드를 획득한다. 들어온 리드는 인사이드 세일즈가 담당한다. 이 리드에서 상담으로 연결되어 AE(영업)가 담당한다. 여기에서는 인사이드 세일즈에서 넘어오는 인바운드 상담도 있고, 영업, 대리점, 아웃바운드의 인사이드 세일즈가 발굴한 것도 포함된다. 그리고 고객이 된 뒤에는 오른쪽 끝의 반원의 왼쪽 신규가 업셀, 크로스셀로 진행한다. 이 고객을 성공시키기 위해서 컨설팅, 커스터머 석세스, 고객 지원, 트레이닝 등을 제공하여 로열티를 높여가고, 결과적으로 LTV(고객 생애 가치)가 향상되게 한다. 로열티가 올라가면 입소문이 나거나 소개가 늘어나서 다시 입구의 웹 트래픽, 또는 직접 상담으로 돌아가 눈덩이처럼 비즈니스가 확대된다는 것을 나타낸 그림이다.

최신 수익 모델

2004년 당시 손으로 쓴 메모를 토대로 현재의 상황에 입각해서 발전형으로 작성한 것이 아래의 그림이다. 이는 CRO가 커버하는 수익 모델 전체를 나타낸다.

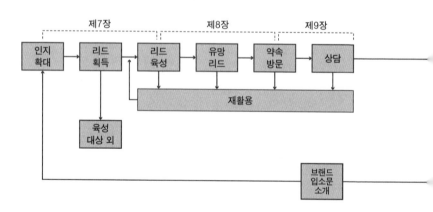

〈 2004년 수익 모델을 발전시킨 프로세스의 전체 모습(2018년 작성). 〉
※ 그림 속의 장 번호는 그 프로세스를 해설하는 장을 나타낸다

우선 타깃 시장에 대한 인지 확대의 지점부터 시작된다. 마케팅의 입구는 반드시 웹사이트만이 아니다. 폼 입력이나 명함 획득 등을 통해서 콘택트 정보를 취득하면, 리드 획득 스테이지로 이동한다. 여기부터 리드 육성과 육성 대상 외의 스테이지로 나뉜다. 애써 획득한 리드는 모두 동일하게 관리해야 한다고 생각하기 쉽지만, 타깃에서 어긋나는 대상에 힘을 실어서는 안 된다. 정보 제공을 통해 육성된 리드는 리드 스코어링과 인사이드 세일즈에 따라 상담으로 이어지는지 아닌지 퀄리피케이션(마케팅, 인사이드 세일즈, 영업 각 부서에서 합의한 기준에 따른 검품작업)이 이루어져서 유망 리드로 좁혀진다.

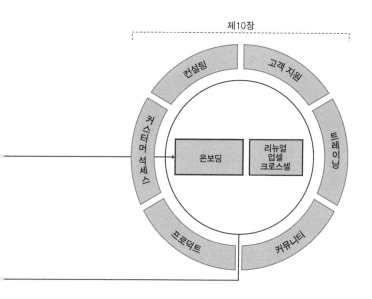

그 후, 실제로 영업이 약속, 방문을 실시해서 퀄리피케이션이 올바른 것을 확인하고 상담 스테이지로 넘어간다. 수주 후의 고객 스테이지는 오른쪽의 원으로 표현되어 있다. 계약 후에는 온보딩(Onboarding, 신규 교육 과정-옮긴이)이라고 불리는 서비스 제공과 활용 단계에 들어간다. 고객이 되고 나서는 컨설팅, 고객 지원, 트레이닝, 커뮤니티, 커스터머 석세스 등이 일체가 되어 고객 체험을 지지한다.

여기에서는 IT 서비스, 특히 SaaS의 비즈니스를 의식한 부서를 리스트업 하고 있는데, SaaS의 이점은 제품, 서비스 자체가 고객 접점이 된다는 것이다. 그 사용자의 활용 상황을 트래킹할 수 있기 때문에 고객의 해약 리스크 등을 알아내는 헬스 체크에도 활용할 수 있다. 거기에서 만족도가 높아진 고객은 계약 갱신이나 업셀, 크로스셀로 연결된다. 로열 고객이 그 회사의 브랜딩으로 연결되는 평판을 입소문으로 전하고, 그것이 새로운 리드나 시장을 인지하는 데에 공헌해준다.

그리고 2004년 당시의 수기 메모에는 없었던 가장 중요한 부분이 재활용이다. 리드 육성에서 유망 리드 사이의 퀄리피케이션에서 떨어진 것, 약속을 잡지 못한 것, 상담까지 진행되었지만 수주에 실패한 것 등을 전부 재활용이라는 스테이지에 저장하고, 다시 검토하는 프로세스로 되돌려준다. 직선형이 아닌 이런 순환형 모델을 구축할 수 있다면 비즈니스는 눈덩이처럼 불어나면서 성장할 것이다.

고객 스테이지의 설계

이 그림을 실제 운영에 활용하기 위해 중요한 것이 고객 스테이지 설계. 공장의 생산 현장에서는 각 공정의 재고 상황이나 리드타임 등 여러 가지 지표를 측정해서 가시화하고 있다. 그리고 그 정보를 토대로 적절하게 인원을 배치해서 각 공정의 담당자가 업무를 실행하고 전체 감독자가 병목 현상이 있는 곳을 분석해 최적화를 실시한다. 이와 같은 사고방식을 앞의 그림에 적용하면 전체의 처리량을 최대화할 수 있을 것이다.

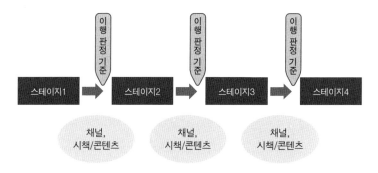

〈 고객 스테이지의 변천과 채널, 시책·콘텐츠, 이행 판정 기준 〉

고객 스테이지를 설정하는 데에는 중요한 개념이 세 가지 있다. 그것이 채널, 시책·콘텐츠, 이행 판정 기준이다. 고객을 스테이지에서 다음 스테이지로 움직일 목적으로 하는 것이 기업과 고객의 커뮤니케이션이다. 커뮤니케이션은 전하고 싶은 메시지를 콘텐츠로 만들어 온·오프라인에 관계없이 다양한 채널을 통해 이루어진다.

이 과정에서 디지털 채널을 통해 고객의 데이터를 수집하고, 더욱 개인 맞춤형 커뮤니케이션을 실시한다. 또 그 데이터를 살려서 현재 고객이 어느 스테이지에 있는지를 판단한다. 그렇기 때문에 고객이 다음 스테이지로 이행한 것을 판정하는 객관적인 이행 판정 기준이 필요하다.

이 책에서 말하는 프로세스는 이런 고객 스테이지의 이동을 정확하게 진행하기 위해 어떻게 다수의 부서가 제휴하고 고객 스테이지를 관리해서 적절히 접근해나갈지 규칙을 정리한 것이다. 제3부에서는 이런 스테이지를 지탱하는 마케팅, 인사이드 세일즈, 영업, 커스터머 석세스의 네 가지 역할에 대해 설명하겠다.

The Model

제 3 부

프로세스

제 7 장

마케팅

마케팅 부서는 오케스트라 지휘자

온라인에서 고객의 활동이 증가함과 동시에 고객은 여러 채널을 자유롭게 왕래하고 있다. 웹사이트, 소셜 미디어, 메일, 모바일 애플리케이션 등의 온라인 채널에 더해서 영업 담당자와의 상담, 콜센터, 점포, DM 등 기존의 오프라인 채널도 존재한다. 그런 환경에서 마케팅이 맡은 역할은 오케스트라 지휘자에 비유할 수 있다.

본디 마케팅 부서의 역할은 '상담을 만들 때까지'로 되어 있었다. 그러나 현재는 커스터머 저니(Customer Journey, 고객이 상품이나 서비스를 알고 최종적으로 구매에 이르는 동안의 행동, 사고, 감정 등의 프로세스를 말한다-옮긴이) 전체를 지원하는 역할로 바뀌고 있다. 웹사이트나 메일, 소셜, 모바일 등 각 채널의 마케팅 담당자가 각각의 고객과 소통하는 것은 마치 오케스트라 연주자가 저마다 자기주장을 해서 연주하는 음악을 망치는 것과 같다. 듣고 있는 사람을 기분

좋게 하는 음악을 연주하려면 마케팅 부서가 지휘자를 맡아 시책을 구성할 필요가 있다. 상담 전의 리드부터, 상담 중인 유망 고객, 구매 후까지 모든 고객 스테이지의 커뮤니케이션 지휘자로서 마케팅이 기능해야 한다.

온라인의 정보가 폭발적으로 증가해서 채널이 다양화된 가운데, 기업 내의 담당자는 영업과 접점을 가지기 전에 정보 수집의 대부분을 끝낸다. 이것은 기업 입장에서 큰 도전이다. 기업은 단 한 번도 접점을 갖지 못한 채 상담의 자리조차 얻지 못하는 일이 벌어질 수 있기 때문이다. 지금까지는 웹 사이트의 폼 입력이나, 전시회에서 모은 명함에서 얻을 수 있는 회사명, 직책, 메일 주소 등의 속성 정보를 바탕으로 영업사원이 수작업으로 관리하는 수밖에 없었다. 그러나 마케팅 자동화(MA)가 등장하면서 이런 속성 정보만이 아니라 웹사이트 접속, 메일 개봉, 클릭 등 온라인 채널의 행동 정보를 트래킹하게 되었다.

가장 큰 변화가 일어나는 것은 마케팅 커뮤니케이션일 것이다. 폼에 입력하기 전 익명상태에서 어떤 콘텐츠를 보고 폼에 입력했는지, 온라인 세미나를 시청한 후 얼마나 자주 웹사이트를 열람했는지 등 익명상태도 포함해서 고객 행동과 그 맥락을 파악할 수 있다. 이는 유망 고객이 관심을 갖는 내용, 흥미 정도 등을 가늠하기 위한 정보가 부쩍 늘어난다는 것을 의미한다. 인사이드 세일즈나 영업 담당이 상대와 접촉할 때도 사전 예비지식이 늘어나 대화도 수월하게 진행된다. 또한 사람이 관리하지 않아도 MA가 관심 있을 만한 정보를 골라서 개인 맞춤형으로 유망 고객에게 제공해준다.

MA는 마케팅 자동화라기보다 24시간 365일 쉬지 않고 일하는 유능한 마케팅 및 영업 지원부대라고 하는 편이 적절할지도 모른다. 마케팅 부서가 커버하는 범위가 확대되고 채널과 시책도 다양화되고 있지만, 이에 대응할 수 있는 것은 MA라는 데이터를 활용한 플랫폼이 등장했기 때문이라고 할 수 있다.

MA를 활용하면서 콘텐츠를 제공하는 방법도 변화했다. 예전에는 무료 체험판, 사례집, 데모 동영상 등 어떤 자료를 보고 싶으면 반드시 폼에 정보 입력을 요구받았다. "어떤 정보를 원한다면 당신의 연락처를 가르쳐주세요"라는 방식이다. 이것은 검토 단계에서부터 기업에 주도권이 있는 상태다.

하지만 온라인에 제품과 업계의 정보가 넘쳐나는 현재, 정보 수집과 선택의 주도권은 고객에게 넘어가고 있다. 이제는 자사의 웹사이트에 방문한 유망 고객에 대해 폐쇄적인 정보만 제공해서는 부족하게 되었다. 그래서 어느 정도의 정보는 공개하면서 더 자세한 정보가 필요할 때는 폼 입력을 요구하는 식으로 스테이지에 따라 내용을 나누어 제공하는 방식이 주류가 되고 있다. 그것을 나타낸 것이 다음 페이지의 도표이다.

여기에서는 유망 고객의 검토 스테이지를 초기·중기·후기로 나누어 각각 기업 측이 어떻게 대응해야 하는지, 그것을 위해서 어떤 콘텐츠를 제공하면 좋을지도 정리했다. 익명 상태에서도 사이트상의 행동은 트래킹 가능하므로 검토 초기에는 무리하게 콘택트 정보를 취득하지 않고 콘텐츠를 보게 할 수 있다. 다음으로 검토가 구체화되었을 때 볼 콘텐츠에 대해서는 폼 입력을 요구해서 확실하게 접촉하도록 한다. 이 시점에서 그 사람이 검토 초기에 보고 있었던 콘텐츠 정보도 결합하면 유망 고객의 관심에 대해 더 깊게 간파할 수 있다.

검토 후기의 콘텐츠에 대해서는 이미 콘택트 정보를 취득했다면 다시 폼 입력을 요구할 필요는 없지만 처음부터 구매 의욕이 높고, 갑자기 이 스테이지의 콘텐츠를 볼 수도 있으므로 케이스 바이 케이스로 폼 입력을 요구하도록 한다. 기업 측은 자사의 콘텐츠를 정리해서 어떤 검토 스테이지의 유망 고객이 그것을 필요로 하는지를 고려해서 개인 맞춤형 정보를 제공하는 구조를 준비할 필요가 있다.

검토 스테이지	검토 초기	검토 중기	검토 후기
목적	앞으로의 상품/기술등의 방향성을 나타내고, 인지를 높인다	비교 검토에 도움이 되는 콘텐츠를 제공하고 바이어를 지원한다	자사의 차별화 이유를 명확히 하고, 최종적인 평가/선정을 촉진한다
제공 콘텐츠 (예시)	· 시장 리서치 데이터 · 업계 트렌드 · 자사 소개 · 제품 라인업 소개 · 솔루션 소개 동영상	· 구매 가이드 · 검토 체크포인트(기능표) · 입찰 사양서(RFP템플릿) · 간이 가격표 · 설치/도입 시뮬레이션 · 온라인 세미나 (질의응답의 자리)	· 견적 시뮬레이션 · 제품 데모/실기 렌탈신청 · 애프터서비스 메뉴 소개 · 제3자의 리뷰 기사 · 고객 사례
개인ID 취득	없음	있음	경우에 따라 있음

〈 콘텐츠 마케팅의 가장 좋은 실행 〉

마케팅 스테이지 설계

스테이지 설계의 핵심은 측정을 가능하게 하는 것이라고 말했지만, 실제로는 측정하는데 어려움이 있는 것이 사실이다. 예를 들어 '구매 흥미'라는 스테이지를 설정해서 '제품을 구매하는 데에 흥미가 있는 상태'라고 정의한다고 해도 측정할 수 없다면 의미가 없다. 중요한 것은 유망 고객이 확실히 그 스테이지에 있다는 것을 판정하는 객관적인 지표를 얻는 일이다. 그럴 수 있다면 감각이 아니라 지금 어느 스테이지에 어느 정도의 유망 고객이 있는지를 실질적으로 파악할 수 있다. 아래의 그림은 그 한 예이다.

인지 확대	리드 획득	리드 육성	유망 리드
· 웹사이트 방문 수 · 이벤트 참가자 수 등	· 메일주소 등의 콘택트 정보 취득	· 메일 링크 클릭 · 제품 사이트 접속 · 세미나 참가 등	· 제품 카탈로그 청구 · 제품에 관한 문의 · 제품 사이트에 여러 번 접속 · 리드 스코어가 100점 이상 등

〈 마케팅 스테이지 설계 〉

예를 들어 메일주소 등의 콘택트 정보를 취득할 수 있으면 리드 획득 스테이지로. 그중에서 메일 링크를 클릭, 제품 사이트에 접근하는 등 어떤 반응을 나타낸 경우는 리드 육성의 스테이지로. 게다가 카탈로그 청구나 직접적인 문의, 리드 스코어가 100점 이상(리드 스코어에 대해서는 제8장 참조)이면 유망 리드로 간주하는 상태다.

그런 수준에서 정말로 고객의 검토 스테이지를 측정할 수 있다고 말할 수 있는지 의문은 있을 것이다. 물론 완벽한 논리나 수치 분석이 가능하다면 좋겠지만, 사이트상에서 같은 행동을 한 사람이 있었다고 해도 의도는 완전히 다를 가능성이 있다. 다만 그렇다고 해서 완벽만을 추구해 일을 진행하지 않는 것보다는 꼭 파악해야 할 일정한 기준을 정해놓고 관측하는 편이 얻을 것이 훨씬 많다. 우선은 일정한 기준을 세워놓고 정기적으로 관측하는 일부터 시작하기 바란다.

또한 유망 고객은 스테이지를 하나씩 순서대로 진행한다고는 단정할 수 없다. 예를 들어 명확하게 타깃으로 하고 있는 기업이 자사 이벤트에 참가했을 경우, 리드 육성의 프로세스를 거칠 필요는 없고, 곧바로 영업이 약속을 잡아 면담할 것이다. 혹은 이미 경쟁사와 비교를 진행하는 경우, 처음부터 구체적으로 견적을 받고 싶다고 말하는 경우도 있다. 이런 경우는 도중에 스테이지를 건너뛰고 갑자기 유망 리드가 되어 상담화 프로세스에 들어간다. 이렇게 스테이지를 건너뛰는 루트를 패스트패스Fastpass라고 부른다.

또 인사이드 세일즈가 대화를 나눴지만 당장 상담이 성사되지 않았던 리드나 영업이 수주에 실패한 상담은 나날이 축적되어간다. 지금까지 마케팅 퍼널 모델에서는 그것을 관리하는 개념이 없었지만, 실은 이것을 어떻게 관리하느냐가 앞으로 마케팅의 성패를 가르는 열쇠가 된다. 내가 생각하는 모델에서는 그것을 다시 마케팅 대상으로 삼기 위해 우회로를 만들어 다시 리드 육성의 프로세스로 되돌리고 있다. 리드를 재활용한다는 사고방식이다.

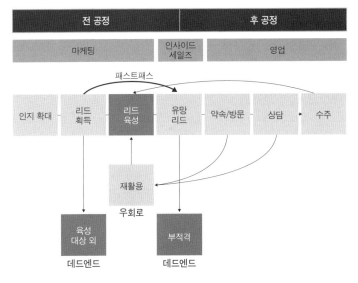

〈 패스트패스, 재활용의 루트 등을 더한 전체 프로세스와 담당 부서 〉

　예를 들어 영업이 상담으로 진행했지만, 당분간 고객이 검토하지 않을 것을 알고 있는 경우에는 일단 재활용 상자에 넣어 저장해둔다. "당분간 검토를 중지합니다"라는 고객에게는 일정기간 메일 전송을 멈춘다. 상담 과정에서 검토 중지를 통보받았는데 다음 날부터 또 메일 전송이 이루어지면 상대가 당연히 성가시게 여길 것이다. 반대로 한 번 수주에 실패한 기업에서 몇 달 후에 자주 웹사이트를 접속하면 바로 영업에 통지해 관리해야 한다.

　또 자사 제품이나 서비스를 구매할 가능성이 없는 학생, 경쟁 대상, 퇴직자 등의 리드 데이터는 마케팅 대상의 리드와는 명확히 분리하는 것이 좋다. 이런 리드는 육성 대상 외라는 스테이지로 옮겨서 재활용 하는 것이 아니라 그곳에서 끝낸다. 이런 스테이지를 데드엔드라고 부른다.

실제로 이것을 관리할 때는 아래의 표와 같은 형태로 스테이지별 흐름과 잔고를 관리한다. 흐름은 각 스테이지를 통과한 건수. 잔고는 각 스테이지에 정체되는 건수를 나타낸다. 신규 리드를 만 건 획득했을 때 리드 육성으로 70%가 진행되면 7,000건이 된다. 10%는 육성 대상 외가 되어 1,000건이 데드엔드. 그리고 남은 2,000건은 리드 획득 스테이지에 잔고로 남는다. 마찬가지로 다음 스테이지로 진행될 확률을 CVR(전환 비율)로 하고 흐름과 잔고를 확인한다.

약속/방문이나 상담에서 앞으로 나아가지 못한 것이 우회로인 재활용으로 떨어지는 것이 핵심이다. 재활용-(A)과 재활용-(B)의 CVR을 개선하면 할수록 리드 육성으로 되돌릴 수 있는 리드가 늘어난다. 게다가 이 리드는 기본적으로 획득 비용이 들지 않는다.

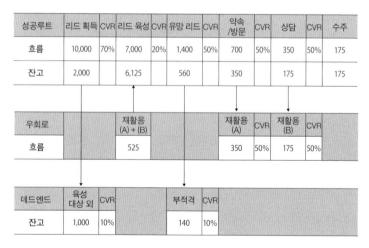

성공루트	리드 획득	CVR	리드 육성	CVR	유망 리드	CVR	약속/방문	CVR	상담	CVR	수주
흐름	10,000	70%	7,000	20%	1,400	50%	700	50%	350	50%	175
잔고	2,000		6,125		560		350		175		175

우회로			재활용 (A) + (B)				재활용 (A)	CVR	재활용 (B)	CVR	
흐름			525				350	50%	175	50%	

데드엔드	육성 대상 외	CVR			부적격	CVR					
잔고	1,000	10%			140	10%					

〈 프로세스별로 봐야 할 흐름과 잔고 〉

개념만을 나타낸 퍼널 그림보다 훨씬 실천적인 내용으로 되어 있음을 이해할 수 있을 것이다. 실제 비즈니스에서 웹사이트 방문자 수와 폼 입력에 따른 리드만 보고 있으면 전혀 참고가 되지 않는다. 우회로와 데드엔드까지 포함한 스테이지를 정의하고, 한 달 흐름의 수치가 아니라 잔고를 보도록 하면 어디에 병목 현상이 있는지 확인할 수 있고 어디를 손질해야 가장 매출에 반영하기 쉬운지도 알 수 있다.

마케팅 커뮤니케이션의 역할

마케팅 부서는 리드를 획득해야 한다는 압박감 등으로 세미나를 개최하자, 디지털 광고를 하자, 새로운 캠페인을 실시하자는 식으로 시책부터 생각하기 쉽지만, 이것은 순서가 거꾸로 된 것이다. 마케팅 커뮤니케이션의 목적은 유망 고객을 다음의 스테이지로 진행하는 일이다. 고객 스테이지를 정의한 후에 다음 스테이지로 움직이려면 어떤 채널이 효과적인지 생각하는 것이 올바른 순서다.

우선은 다음 페이지의 그림처럼 스테이지마다 효과적인 채널을 찾아서 배치해둔다. 그런 다음 시책을 실행한다. 세미나라는 채널 하나만 봐도 사전 안내, 신청, 참가, 불참, 세미나 실시 후 추적 관리라는 프로세스로 분해된다. 분해된 프로세스에 해당되는 대상은 조사를 통해 각각 어느 스테이지까지 진행했는지 계측한다. 또한 세미나 안내 메일, 참가 리마인드 메일, 폼 등록 등의 전환을 조사해서 그 시책의 효과를 검증할 수 있다. 이와 같이 고객 스테이지, 채널, 시책의 관계를 이해할 수 있으면 마케팅이 시각화되고 어디부터 손을 대야 하는지를 확실히 알게 된다.

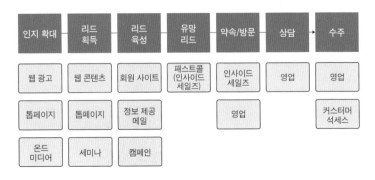

〈 고객 스테이지별 효과적인 채널 〉

마케팅의 평가지표

마케팅 부서가 봐야 할 지표(KPI)에 관련된 책은 수도 없이 나와 있다. 인사이드 세일즈, 영업, 커스터머 석세스 등의 다른 부서와 비교해도 마케팅은 디지털화가 가장 많이 진행되어, 얻을 수 있는 데이터가 증가하고 있기 때문에 지표의 수가 압도적으로 많다. 그러나 아직도 마케팅 부서가 매출에 기여하는 것이 보이지 않는다는 말을 듣는 이유는 무엇일까?

이유 중 하나는 여기까지 설명한 고객 스테이지의 설계라는 개념이 없이 시책만으로 진행한다는 것이다. 또 하나 생각할 수 있는 것은 현장 담당자의 시선에서 지표를 바탕으로 경영진에게 설명하려고 하기 때문일 것이다. 담당자는 클릭률이나 시책 전환 등에 대해 수치가 얼마나 개선했는지, 어떤 효과가 나왔는지 설명하게 된다. 하지만 경영진이 보기에 그것이 매출로 이어질지 알 수 없다. 그래서 마케팅 부서가 숫자놀음을 하는 것처럼 느껴진다. 반면에 현장 담당자는 경영 관점이 없으므로 자신들이 하고 있는 일을 이해받지 못한다고 생각한다.

 이런 불합리한 상태를 피하려면 스테이지, 채널, 시책의 개념을 정리해서 경영진, 각 부서장급, 담당자가 저마다 어느 지표를 봐야 할지 정리하는 것이 중요하다.

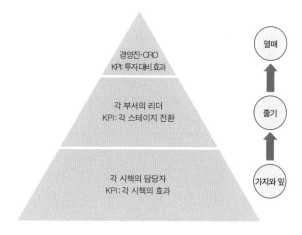

〈 각 계층별로 봐야 할 지표를 정리한다 〉

제 8 장
인사이드 세일즈

노동집약형에서 지능적인 집단으로
———

    최근 몇 년 동안 인사이드 세일즈가 한층 주목을 받고 있는데, 그 것은 마케팅 자동화(MA)의 보급과 밀접한 관련이 있다. MA의 등 장으로 인사이드 세일즈의 업무는 비약적으로 고도화되고 진화하 고 있기 때문이다.

    SFA를 도입하는 기업이 늘어나면 유입된 신규 리드를 리드 소스 별로 분류해서 상담화율이 높은 리드 소스에 우선적으로 전화를 하게 된다. 상담이 될 가능성이 높은 리드는 영업에 넘기고 시간이 한동안 걸릴 만한 리드는 처리 중으로 놓고, 당분간 전망이 없는 리 드는 재활용으로 보내 스테이지를 관리한다. 그러면 관리 누락이 줄어 일정한 효과가 나오기 시작한다. 그러나 인사이드 세일즈에 서 보면 그것은 단순한 콜 리스트의 영역을 벗어나지 않는 것이다.

    본래 인사이드 세일즈의 업무는 시간이 한정된다. 리드에게 접촉

할 때 이른 아침이나 한밤중에 연락할 수는 없기 때문이다. 상식적인 범위는 아침 9시부터 저녁 6시 정도까지라고 봐야 할 것이다. 그중 점심시간도 피하려면 하루 8시간, 주 5일이라는 시간적 제약 속에서 최대한의 성과를 내야 한다.

영업이라면 건수를 쫓지 않아도 금액이 큰 상담을 수주해서 보완할 수 있지만, 인사이드 세일즈는 그럴 수 없다. 금액을 제어하는 것은 영업이므로 수를 중시할 수밖에 없다. 한 건당 들이는 시간을 30분이라고 가정하면 일주일에 8시간×5일×2의 80번을 어떻게 사용하느냐가 시간 관리의 승부수가 된다. 즉 얼마나 업무 효율을 높일 수 있는지가 성과로 직결되는 것이 인사이드 세일즈다.

그럼 MA가 등장하고, 인사이드 세일즈는 어떻게 바뀌었을까? 몇 가지 관점에서 살펴보자.

리드 스코어링으로 관리의 우선순위를 매긴다

MA가 제공하는 대표적인 기능 중에 리드 스코어링Lead Scoring이 있다. 리드 전체 중에서 인사이드 세일즈나 영업이 관리해야 할 기준을 채우는 리드를 선별하는 구조로, 공장의 제조 공정으로 말하자면 검품과 비슷한 의미라고 볼 수 있다. 즉 일정한 기준을 만족시키는 것만을 다음 공정으로 넘겨서 후속 공정의 작업 효율을 높이는 방법이다. 리드 스코어링은 다음 두 가지 관점에서 실시한다.

· 속성 스코어: 기업규모, 업종, 직급 등 속성 정보에 의한 스코어링. (이상적인 타깃)

· 행동 스코어: 웹사이트 접속, 콘텐츠의 다운로드 등 행동 정보에 의한 스코
어링. (구매 의욕)

예를 들어 매출 1,000억 엔 이상의 기업은 플러스 10점. 제조, 통
신, 하이테크에 관해서는 플러스 5점, 부장 이상은 플러스 10점, 웹
사이트 접속은 플러스 1점. 세미나에 등록했을 뿐이라면 플러스 5
점, 당일 출석하면 플러스 10점. 석 달 동안 웹 접속도 메일 개봉도
없으면 마이너스 10점이라고 하는 형태로 속성이나 행동에 가중치
를 부여한다.

리드 스코어링을 도입할 때 행동 스코어의 가중치를 어떻게 할지
걱정되는 사람이 많겠지만, 그 이전에 속성 스코어의 정밀도를 높
이는 것이 훨씬 중요하다. 웹사이트에 여러 번 접속해 제품 정보를
샅샅이 들여다보더라도 애당초 타깃 기업이 아니면 시간을 낭비해
서는 안 되기 때문이다. 인바운드로 들어오는 리드는 어느 것도 낭
비할 수 없다고 생각해서 무심결에 동등한 힘을 쏟게 되지만, 어느
기업이나 타깃으로 하는 기업·업종이 있고, 자사 제품이 맞지 않는
업종도 존재한다. 속성 스코어로 그 범위를 좁힌 뒤 행동 스코어로
구매 의욕이 높아진 대상을 알아내서 인사이드 세일즈나 영업에
넘기기 위한 구조가 리드 스코어링이다.

오해를 살 때가 많지만, 스코어의 절대치는 별로 중요하지 않다.
예를 들어 100점인 사람과 60점인 사람이 있을 때 100점인 사람이
구매 의욕이 더 높다고 단정할 수 없다. 스코어링 본래의 목적은 나
날이 축적되는 대량의 리드 중에서 우선적으로 관리해야 할 대상

을 찾는 일이며, 절대치가 아닌 한계치의 설정이 중요 포인트다. 예를 들어 50점을 한계치로 설정하고, 그것을 넘는 대상은 일정한 구매 의욕이 있다고 간주하는 사고방식이다. 이 스코어의 한계치를 넘은 대상을 수익 모델의 유망 리드로 설정해서 인사이드 세일즈가 우선적으로 관리하는 대상으로 삼는다.

　스코어링을 설정할 때의 핵심은 '이렇게 행동하는 사람은 구매 의욕이 높다고 볼 수 있다'라는 점을 예상하는 것이다. 무료 체험판 등록, 견적 의뢰 등은 구매 의욕이 높다고 볼 수 있다. 거기에서 한 걸음 더 나아가 그런 적극적인 행동을 보이기 전에 어떤 활동을 하는지 파악하면 그 대상을 빠르게 관리해서 경쟁사보다 한발 앞서 갈 수 있다.

리드 관리의 타이밍 설정을 자동화한다

　MA에 따라 리드 관리의 타이밍을 설정하고, 접근을 자동화할 수도 있다. 리드가 등록되면 당연히 곧장 전화하고 싶겠지만, 상대가 싫어하는 경우도 많다. 제공된 정보의 형태가 e북이라면 업무시간에 다운로드만 해놓고 시간이 날 때 천천히 읽는 사람도 많기 때문에 처음 접촉까지는 3일 정도 시간을 둔다. 무료 체험판이라면 대충 시도해보는 데 일주일 정도 걸릴지도 모른다. 반면에 세미나 참석자라면 잊어버리기 전에 다음 날 당장이라도 소감을 물어서 관리하는 편이 좋을 것이다.

　이처럼 리드 소스마다 관리 타이밍을 설정해서 인사이드 세일즈의 관리 대상 리스트에 자동으로 설정되면 업무 효율이 현격히 향상된다.

사전 정보를 바탕으로 대화할 수 있다

작업 부담이 경감된 만큼 인사이드 세일즈는 각 리드의 사전 조사에 시간을 할애할 수 있다. 지금까지는 이름, 직급, 부서명 등의 속성 정보밖에 몰랐던 것이 웹사이트 내의 어떤 콘텐츠를 언제 열람했는지 등의 행동 정보까지도 파악할 수 있으므로 무엇에 흥미를 보이는지를 알고 있는 상태에서 대화할 수 있다. 어떤 제품의 사양에 대한 페이지를 몇 번이나 확인한 리드라면 사전에 해당 제품의 지식을 알아둔다. 경쟁 제품의 강점과 약점을 염두에 두고 대화하면 처음 대면하는 상대라도 대화를 원활하게 진행할 수 있다. 또한 메일의 개봉이나 웹 열람을 알림이 오도록 설정하면 상대가 온라인 상태인지, 어떤 액션을 일으켰는지 알 수 있으므로 당시에 전화를 걸게 되면 연결될 확률이 훨씬 높아질 것이다.

재활용 리드의 정기적인 발굴

나중에 검토할 가능성은 있지만, 지금 구매는 하지 않는 리드가 신규 리드 전체의 65%에 이른다고 앞서 설명했는데, 인사이드 세일즈가 성과를 내는 것은 이 65%를 얼마나 상담으로 만들 수 있느냐에 달려 있다. 한 달 후에 다시 관심을 보일 수도 있고, 반년 후나 1년 후일 수도 있다. 증가하는 아카이브 리드를 한 건씩 세세하게 관리할 수는 없다. 그렇다고 일괄 전송하는 메일 매거진이 해답이 될 수도 없다. 인사이드 세일즈의 개별 대응만으로는 개인차가 발생하고, 소중한 80번의 기회를 사용하기에는 확률이 너무 나쁘다.

　MA에서는 '검토가 반년 후', '예산이 없다', '청취했지만 본래 니즈라고 할 것이 없었다' 등의 이유로 분류해 재활용으로 돌리면 사유에 맞는 적절한 콘텐츠가 전송되고, 리드 스코어가 오르면 다시 관리 리스트에 추가되는 구조를 구축할 수 있다. 인사이드 세일즈는 MA의 등장으로 노동집약형 부문에서 높은 생산성이 필요한 지능적인 부문으로 변모하고 있다.

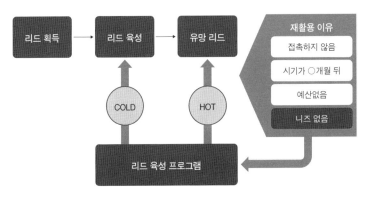

〈 재활용 이유에 맞춘 리드 육성 자동화 〉

인사이드 세일즈의 스테이지 설계

　그렇다면 인사이드 세일즈는 어떻게 리드를 관리할 것인가? 관리하는 입장에서는 세심하게 관리하고 싶은 욕구가 있겠지만, 세심하게 관리하면 할수록 현장의 부담이 커지고, 인사이드 세일즈가 데이터를 갱신할 때 오히려 정확도가 떨어질 수 있다. 따라서 최소로 필요한 관리만 하는 편이 바람직하다. 다음 표는 인사이드 세일즈가 관리하는 리드 스테이지Touch Stage의 정의, 액션, 이행 판정 기준을 정리한 것이다.

Touch Stage	New	Working-Untouched	Working-Connected	Convert	Recycle	Archive
정의	리드가 할당된 다음 전혀 접근하지 않은 상태. 리드가 할당된 다음 ○일 동안 스테이지 변경이 없는 경우에는 할당처 변경이 이루어진다	전화와 메일로 함께 접근하지만, 담당자에게 연결되지 않는 상태	담당자에게 직접 연락해서 상담을 향해 이야기를 듣고 의논하는 상태	영업에 방문/약속으로 넘긴 상태	담당자에게 ○번 이상 액션을 거듭해도 연락이 되지 않는 경우나 상담으로 이어지지 않은 상태	담당자에게 직접 연락을 했지만, 경쟁 상대이거나 학생이라서 앞으로 접근할 가능성이 없는 상태
액션	전화+메일	전화+메일	전화+메일	상담 성사와 영업에 공유	Recycle 원인별 시나리오 메일	없음
이행 판정 기준	담당자와 직접 연락을 하는 경우는 Working-Connected로 이전 연결하지 못한 경우는 Working-Untouched로 이전	담당자와 직접 연락을 하는 경우는 Working-Connected로 이전 ○번 연결하지 못한 경우는 Recycle로 이전	상담 기회를 획득한 경우는 Convert로 이전 상담 기회를 획득하지 못한 경우는 Recycle로 이전 앞으로도 접근할 가능성이 없는 경우는 Archive로 이전	-	-	-

〈 리드 스테이지(Touch Stage)의 정의와 이행 판정 기준 〉

리드 스테이지를 관리하는 일에는 세 가지 이점이 있다.

· 관리 순서를 정하기 쉽다.
· 스테이지마다 말하는 내용을 좁힐 수 있기 때문에 준비하기 쉽다.

· 인사이드 세일즈의 부담이 쉽게 분산된다.

순서대로 살펴보자. 인사이드 세일즈는 처음에 New리드에 전화하고, 대강 끝나면 Untouched에 건다. 그 후 Recycle에 거는 식으로 작업을 진행한다. 개별 리드가 아닌, 리드의 스테이지라는 덩어리로 생각하면 관리의 우선순위를 매기기 쉬워진다.

두 번째는 스테이지마다 그룹으로 묶어서 말하는 내용의 목표를 좁히면 준비하기 쉬워진다는 것이다. 신규 리드의 경우와 "이번에는 검토하지 않겠습니다"라고 말한 사람을 몇 개월 후에 관리하는 경우 이야기하는 내용이 확 달라진다. 같은 대상을 한데 모아 전화하는 편이 리듬이 생겨 생산성이 올라간다.

세 번째로, 스테이지를 관리하면 인사이드 세일즈가 생산 능력을 초과하고 있지는 않은지 일목요연해진다. 신규 할당은 균등하게 균형을 맞추고 있어도, Working-Untouched나 Working-Connected 등이 자꾸 쌓여 가는 사람도 있는가 하면, Archive로 흘러가는 사람도 있다. "아직 관리를 지속해야 하지 않을까?", "가망이 없는 것 같으니 일단 단념하자"라는 판단은 각 인사이드 세일즈의 주관에 따르므로 대응에 편차가 생긴다. 따라서 Working 리드가 50건을 넘으면 신규 리드를 멈추는 식으로 안고 있는 리드의 재고 수량을 보고 균형을 맞출 필요가 있다.

리드 할당 운용 규칙

인사이드 세일즈의 운영에 꼭 필요한 것은 세부적인 점까지 예상한 운용 규칙이다. 사업의 성장과 함께 리드 수가 증가하면 인사이드 세일즈의 인원도 증가한다. 동시에 사람 교체도 빨라진다. 영업(필드세일즈) 등, 다음의 경력 경로로 단기간에 이동하는 일이 많기 때문이다. 따라서 누가 어느 리드를 관리할지 규칙을 명확하게 정해두지 않으면 현장이 혼란스러워진다. 또한 모든 리소스가 완전히 가동된 상태를 만들어야 하므로 누군가에게 리드가 편중되거나 착수 중인 일이 정체되는 것을 피해야 한다.

신규 리드는 먼저 대기에 들어간 것부터 순서대로 인사이드 세일즈에 할당한다. 사전에 질을 측정하기 어려우므로 우선은 양의 균형을 맞추는 것을 우선한다.

업종별, 규모별, 지역별 등 영업 영역에 따라 리드를 할당하는 경우도 있지만, 일반적으로는 어느 영역에서 어느 정도 리드가 들어올지 예측하기 어렵기 때문에 주의해야 한다. 공장으로 비유하자면, 원재료가 너무 조금씩 운반되어 성능을 완전히 살리지 못하는 기계가 있거나, 생산 능력이 초과해 처리가 밀려서 제작 중인 상품이 산적된 공정이 있는 것과 마찬가지로 그곳이 병목 현상을 일으킨다.

사전에 리드의 질을 어느 정도 예측할 수 있는 경우는 리드 소스마다 그룹으로 묶어 할당 규칙을 바꾸는 것이 좋다. 예를 들어 자료 청구나 무료 체험판을 등록한 사람은 자사의 제품이나 서비스를 일정 수준으로 이해하고 있다고 예상되므로 등급A의 리드. 전시회나 서드파티 이벤트의 참가자는 자사 브랜드를 인식하지 못할 가능성도 있다고 예상되므로 등급B의 리드로 분류하는 식이다.

또한 Working 리드에 대해서는 1인당 보유하는 상한을 정해두어야 한다. 신규 리드를 아무리 균등하게 할당해도 Working 리드를 안고 있으면 모든 리드를 관리할 수 없다. 영업이 전망이 없는 상담을 안고 있는 것이 좋지 않듯이 인사이드 세일즈가 전부 관리할 수 없는 양의 리드를 가지고 있는 경우에는 강제적으로 다른 멤버에게 할당하는 등 부담을 분산하는 지표로 활용한다.

과거에 등록을 마친 리드가 다시 콘텐츠 다운로드나 이벤트에 참가했을 경우의 대응도 결정해둘 필요가 있다. 예를 들어 과거 한 달 이내에 인사이드 세일즈에서 전화나 메일을 개별적으로 보내는 등의 콘택트 이력이 있는 경우는 계속해서 그 인사이드 세일즈가 담당하는 것이 적절하지만, 반년 전에 재활용으로 보낸 리드의 경우는 어떻게 해야 할까?

맨 처음 담당하던 인사이드 세일즈 직원에게 할당하면 재적 기간이 긴 인사이드 세일즈에만 리드가 할당되므로 운영이 원활하지 않게 된다. 반대로 모두 신규 취급을 하면 재활용 후에도 자주 메일 등으로 관리할 의욕이 떨어진다. '과거 한 달 동안 인사이드 세일즈의 활동 이력이 있는 것은 그 사람에게. 없으면 새로운 인사이드 세일즈 담당에게'라는 규칙으로 설정하면 납득하기 쉬울 것이다. 그러나 매니지먼트가 세세한 곳까지 살피지 않으면 담당자에 따라서는 한 달의 기한이 끝나기 직전에 정리해 접촉한 이력을 입력하거나 대량으로 메일을 전송하는 등 계속 자신의 리드로 삼기 위해 행동하는 경우도 있다.

따라서 단순히 규칙을 정하는 것이 아니라 매니지먼트가 세세한 점까지 살펴서 실태와 괴리가 없는지를 항상 체크해야 한다. 특히 인사이드 세일즈의 인원을 확대하는 단계에서는 새로운 담당자에게도 오래된 리드를 할당하지 않으면 불균형이 발생해서 조직 전체가 비효율적으로 운영되기 쉽다. 인원수가 적은 팀이라면 성선설의 가정하에 운용할 수 있지만, 조직이 확대함에 따라서는 성악설을 기반으로 운용할 필요도 있음을 매니지먼트는 의식해야 한다.

하루 8시간을 온전히 활용하기 위해

───

신규 리드가 날마다 유입되면 과거의 리드는 쌓여가는 추세를 보이므로 인사이드 세일즈는 업무 관리가 중요해진다. 출근해서 자리에 앉은 뒤 '자, 어디에 전화를 걸까?'라고 생각하고 있으면 안 된다. 최소한 다음의 세가지는 처리해두어야 한다.

· 전날의 업무 종료 시 다음날의 전화 대상 리스트가 조건별로 명확히 정비되어 있을 것.
· 전화하기 전에 대상 리드의 정보를 머릿속에 넣어둘 것.
· 대화가 가능한 경우에도 최대 시간을 정해둔다. 상대방이 말하기 좋아하는

사람일 경우 상담으로 이어지지 않는 대화가 질질 이어지기도 한다. 담당자는 무심코 기분이 좋아서 오랫동안 이야기를 나누게 되는데, 상담의 퀄리피케이션에 필요한 항목을 항상 염두에 두고 시간을 관리해서 대화한다.

양과 질, 어느 쪽을 요구하는가?

———

예전에 "후쿠다 씨는 인사이드 세일즈에 양을 원하시나요? 질을 원하시나요?"라고 물어온 사람이 있었다. 이 말이 인사이드 세일즈의 어려움을 가장 잘 나타내는 것이 아닐까 싶다.

양에 초점을 맞추면 일단 약속 정도만이라도 따내기 위한 수준의 건수가 자꾸 영업으로 넘어와서 불필요한 영업 방문이 늘어나 오히려 비효율적이다. 한편 아직 완전히 굳어지지 않았기 때문에 확실히 상담이 가능해질 때까지 스스로 굳히려고 하면 경쟁사가 먼저 접근해서 귀중한 상담 기회를 놓칠 위험이 커진다.

다소 굳어지지 않은 상태지만 방문하는 영업사원의 수완에 따라서 상담이 될 가능성이 보이는 건수는 가져가야 하지만, 그것이 상담으로 연결되었을 때 누구를 높게 평가해야 하는지는 건마다 달라서 어려운 부분이다. 인사이드 세일즈의 업무는 고객 그리고 상담을 넘긴 영업의 기술이라는, 스스로는 제어할 수 없는 요소가 얽혀 있기 때문에 개개인의 기술이나 실적을 객관적인 지표로 평가할 수 없다. 편의상 실적 평가에 대해서 상담화 수, 수주 건수, 금액 등의 기준을 갖추고 있지만 그것만으로는 정당한 평가가 어려울 것이다.

예를 들어 청취해야 할 항목을 듣기 위해 각도를 바꿔 질문하면서 어떻게든 노력해도 상대가 "방문하실 때 이야기할게요"라고 양보하지 않는 경우가 있다. 반대로 인사이드 세일즈가 처음부터 질문은 하지 않고 재빨리 약속만 확정하고는 "여러 가지 물어보려고 했는데 방문 시에 대답하신다고 합니다"라며 영업에 넘기는 경우도 있다. 둘 다 결과만 놓고 봤을 때 영업에 넘긴 건수는 한 건이다. 만약 숫자로만 평가되면 편안한 후자를 택하는 사람이 생길 것이다.

매니지먼트에 요구되는 것

인사이드 세일즈의 매니지먼트에 요구되는 것은 전화 건수나 상담화 건수 같은 수치만이 아니라 잘한 일과 엉터리 일을 엄격히 구별해서 평가할 수 있는 분별력이다.

따라서 평소 인사이드 세일즈의 전화 내용에 귀를 기울여야 한다. 활동 이력이나 영업으로 넘길 때 코멘트를 자세히 읽고 어떤 대화로 그 정보를 알아냈는지 예상한다. 그 다음에 수준이 높은 업무는 정당하게 칭찬한다. 당사자에게 칭찬하는 것으로만 끝낼 게 아니라 경영진, 영업, 마케팅 등 관련 부서에도 어필한다. 인사이드 세일즈 직원은 스스로 어필하지 못하기 때문에 그대로 두면 수주한 영업사원에게만 시선이 모인다.

반면에 결과적으로 상담으로 진행되었다고 해도 질문해야 할 항목을 빼놓는 등 개선할 여지가 있으면 분명히 지적한다. 예를 들어 청취 항목에 '예산 확인'이 있다고 하자. 영업에 넘길 때 인사이드 세일즈가 "예산을 확인했는데 알려주시지 않았습니다"라고 하는 경우 정말로 물어보기는 했지만 가르쳐주지 않았을 수도 있고, 그저 묻는 것을 잊어버렸기 때문에 변명으로 "알려주시지 않았습니다"라고 했을 가능성도 있다.

이럴 때 매니지먼트는 간과하지 말고 상대에게 어떻게 물었는지 확인하는 것이 좋다. 갑자기 예산을 알려달라고 말하지 않고 "통상 이런 프로젝트를 진행할 경우 어떤 결재 프로세스로 승인이 되나요?", "다른 프로젝트에서 예산을 움직일 필요가 있을까요?", "신규로 예산을 획득해야 할까요?" 같은 것을 물어볼 여지가 있었는지 확인한다. 다르게 묻는다면 어떤 문구를 쓸 수 있을지, 애초에 예산에 대해서 파악하고 있지만 알려주지 않은 것인지, 상대도 정보를 가지고 있지 않은 것인지 등을 파고들어 질문하면 그 인사이드 세일즈 직원의 역량도 알 수 있고 기술 향상으로도 연결된다. 필요하다면 스스로 전화를 걸어 고객과 대화해서 시범을 보이자.

시범해서 보이고, 설명해서 들려주고, 시키고, 칭찬해주지 않으면 사람은 움직이지 않는다.

- 야마모토 이소로쿠

인사이드 세일즈의 매니지먼트에 이렇게 딱 들어맞는 말도 없을 것이다.

인사이드 세일즈를 외주하지 않는 이유

———

내가 2005년에 귀국해서 부족한 경험으로 확신이 없는 상태에서 일을 진행한 적도 많았지만, 인사이드 세일즈를 외주하지 않고 사원으로 편성하는 일만큼은 조금도 망설임이 없었다.

인사이드 세일즈를 단순히 약속이나 상담 창출을 위한 조직으로 본다면 그 가치를 온전히 살릴 수 없다. 자사의 제품이 어떻게 보이는지, 유망 고객이 어떤 제품이나 정보를 요구하고 있는지 등 데이터만으로는 알 수 없는, 직접 와닿는 시장의 감각을 파악해서 마케팅 부서나 경영진 등에 피드백하는 것, 그리고 고객과의 첫 접점으로 회사의 메시지, 제품의 내용을 올바르게 시장에 전달하는 것도 중요한 역할이다.

그러려면 회사가 투자하고 교육해야 한다. 그것도 지속적으로 이루어져야 한다. 교육의 기회는 연수만이 아니다. 사내에 있는 마케팅 부서나 영업 부서의 대화에서 배우기도 한다. 영업 담당이 방문 후 피드백을 하거나 때로는 영업에 동행해서 실제로 자신이 대화했을 때와의 차이를 배우는 등 회사 곳곳에 교육 기회는 언제나 존재한다. 이런 일상 업무 전체를 통한 교육은 인사이드 세일즈의 프로세스를 떼어내 외주하는 방식으로는 절대로 실현할 수 없다.

또한 고객 시점에서 생각하면 처음 기업과 직접 커뮤니케이션을 하는 상대가 인사이드 세일즈가 된다. 이때 청취와 설명 능력만이 아니라 회사나 제품에 대한 애착, 로열티, 책임 의식이 있는지 없는 지가 반드시 상대방에게 전달된다. 콘택트 허가를 얻거나 전화 리 스트를 정밀조사 하는 것만이 업무인 텔레마케팅과의 차이점은 여 기에 있다.

인사이드 세일즈를 시작할 때 필요한 인재

인사이드 세일즈를 새롭게 시작하려는 사람들이 자주 묻는 질문 이 "처음 멤버를 뽑을 때 영업에서 실적을 남긴 에이스급을 시켜야 할까요? 경험은 적지만 앞으로 잠재력이 있는 인재를 배치해야 할 까요?"라는 질문이다.

처음부터 조직을 새로 만드는 시점에는 영업의 일선에 있는 사람 을 리더로 보내는 것을 권장한다. 그런 인재를 영업에서 제외하는 것은 매출에 미치는 충격을 생각하면 용기가 필요한 일이지만 중 장기적 관점에서 생각하면 리턴이 크다.

조직을 새롭게 만들 때는 장래의 확장을 내다보고 기본적인 형태 를 찾아내야 한다. 약속만 잡는 인사이드 세일즈라면 외주의 텔레 마케팅으로도 보충할 수 있지만, 본격적인 인사이드 세일즈 조직은 경험이 적은 사람만으로는 그 형태가 시간이 아무리 흘러도 굳어 지지 않는다.

예를 들어 같은 대화로 정보를 얻었다고 해도 경험의 유무는 그곳에서 얻을 수 있는 통찰의 수준으로 나타난다. 영업 경험이 풍부하면 대화에서 고객이 본질적으로 안고 있는 과제 등을 알아차리는 능력이 뛰어나다.

또한 고객과의 커뮤니케이션에 더해서 마케팅이나 영업 등 다른 부서와 어떻게 커뮤니케이션하는지도 중요하다. 마케팅 부서에 건설적인 피드백을 할 수 있는가? 영업사원이 처음 방문할 때 어떤 정보가 있으면 도움이 되는지 예상할 수 있는가? 이런 시점에서 생각하면 영업을 경험하고 있는 일선의 인재를 리더적인 존재로 인사이드 세일즈에 배치해서 잠재력이 있는 인재가 리더의 어깨너머로 보고 배우게 하는 진행방식이 가장 성장 속도가 빠를 것이다.

나도 인사이드 세일즈를 시작할 때 영업에서 활약하던 사람에게 "이 일을 해주지 않겠나?"라고 부탁해서 인사이드 세일즈로 이동하게 한 적이 있는데, 그에게는 높은 영업 능력, 사내외에 대한 커뮤니케이션 능력, 주위의 신뢰와 조직을 위해 일하는 헌신적인 자세가 있었기에 가능했다. 다만 일선에 있는 영업사원이 꼭 유능한 사람이라는 뜻은 아니다. 자기중심적인 사람은 아무리 능력이 있어도 이 일을 해낼 수 없다.

진정한 역할은 상담 공급의 조절 밸브

영업이 인사이드 세일즈에 기대하는 것은 확실성 높은 유망 고객을 계속 넘기는 것이지만, 실제로는 일정한 속도로 상담이 풍부하게 공급되는 일은 없다고 해도 무방하다. 하지만 영업은 늘 이렇게 생각한다.

첫째, 영업이 가지고 있는 상담이 많을 때는 확실성 높은 안건으로 좁혀서 넘겨주었으면 한다.

둘째, 영업이 가지고 있는 상담이 적을 때는 다소 굳어지지 않아도 좋으니 빨리 영업에 넘겨주기 바란다.

'자기 입장에서만 편리한 이야기네'라고 생각할지 모르지만 이 조절 밸브의 기능도 인사이드 세일즈에게 요구되는 중요한 역할이다. 우선 영업 부서의 처리 능력(몇 건의 상담을 동시에 소화할 수 있는지)은 일정하지 않고 다양한 변수가 존재한다. 정기적인 인사이동, 담당교체, 신규채용, 퇴직 등의 변수는 물론이고 신제품 투입 등에 의한 기술이나 경험의 불균형을 해소해나가는 것도 피할 수 없는 과제다.

또한 상담의 공급원은 마케팅만이 아니다. 대리점과 고객의 소개도 변수 중 하나다. 통상은 병행해서 10건의 상담을 돌릴 수 있는 영업도 트러블이 생기면 그 일에만 매달리게 되어 신규 상담의 진행이 멈출 수도 있다. 그런 곳에 항상 같은 속도로 상담을 공급해도 관리되지 않는 상담을 쌓여간다.

반대로 상담이 부족해지면 "이대로는 파이프라인이 부족하니 스스로 발굴해야 해"라며 콜드콜(Cold call, 고객이 될 만한 상대에게 일방적으로 연락하는 일-옮긴이)을 시작해 결과적으로 제안 활동에 소홀해지는 결과를 초래해 영업 부서에 비효율적인 상황이 이어질 수 있다.

그럴 때 내가 자주 생각하는 것은 카이저 펑의 저서 《넘버스, 숫자가 당신을 지배한다》에 소개된 램프 미터링Ramp metering이다. 미국 내 교통체증에서 차로의 합류나 나들목 구조 등 정체되기 쉬운 구간이 원인인 경우가 절반에 가깝다고 한다. 이것이 교통 흐름의 불균형을 만들고 정체로 이어진다. 해결책으로 미국에서 고안된 것이 램프 미터링으로, 고속도로의 진입 차선에 신호등을 설치해 본선으로의 흐름을 제어해서 불균형을 없애고 정체를 해소하는 구조다.

B2B 마케팅의 해설서에는 영업과 마케팅 사이에서 '상담화의 기준을 합의하는 것이 중요하다'라고 쓰여 있는 경우가 많은데, 어디에서 병목 현상이 발생하고 있는지 등을 보면서 항상 이 기준을 조절해야 한다. 교통체증의 예시에서 말하는 램프 미터링의 역할을 하는 것이 바로 인사이드 세일즈다.

인사이드 세일즈의 평가 지표

마지막으로 인사이드 세일즈의 매니지먼트 시점에서 파악해두어야 할 지표의 일례를 소개한다.

128페이지의 표에 정리한 지표를 확인하는 데에 포인트를 두겠다. 영업도 마찬가지지만, 실제 사원수와 입사시기를 고려한 생산 인원의 수는 나눠서 생각하는 편이 낫다. 예를 들어 입사 첫 달은 트레이닝이 중심이므로 사원수로서는 존재하지만, 가동 생산 인원으로는 제로라고 할 수 있다. 두 달째는 50%로 계산한다. 특히 인사이드 세일즈는 단기간에 다른 부서로 이동하는 일도 많으므로 이 생산 인원을 파악해두지 않으면 머릿수는 증가하고 있는데 실제 생산 인원은 줄어드는 사태도 일어날 수 있으니 주의가 필요하다.

또한 영업에 넘긴 리드 건수 중, 몇 건이 상담으로 진행될지 일정한 기준을 세워 정기적으로 관측해두어야 한다. 이 퍼센티지는 인사이드 세일즈 퀄리피케이션의 질과 연동되어 있다. 지나치게 높으면 인사이드 세일즈가 대상을 지나치게 확실한 범위로 좁혀서 상담 기회를 놓치고 있다는 분석도 가능하다. 50% 정도까지 떨어지면 영업이 방문 낭비를 하고 있는 것이다. 대략 70~80%(데드 비율이 20~30%)의 추이를 보이도록 퀄리티 체크를 해두면 좋다.

또 상담을 만들 때의 상담 금액과 수주 시점의 상담 금액에 차이가 크면 인사이드 세일즈의 퀄리피케이션이나 영업의 제안 능력 중 어딘가에 문제가 있을 것으로 예상된다. 상담 시와 수주 시의 금액 차이는 리드 쪽에서 금액을 개인에게 의존해서 정하는 것인지, 조직 전체에서 정하는 것인지 살펴봐서 문제를 특정해나갈 수 있다.

리드라는 하나의 양동이에 모든 것을 넣어 관리하는 것이 아니라, 상태를 관리하고 다음 스테이지까지 전환을 보며 병목 현상을 쉽게 찾아내면서 동시에 앞으로의 파이프라인에 미치는 영향을 빠르게 파악할 수 있다.

인사이드 세일즈의 실적 평가가 어려운 것은 지표는 수치화할 수

#	생산 인원		Q1 2018	Q2 2018	Q3 2018	Q4 2018
1	사원 수	#	5	7	9	11
2	생산 인원	#	4.5	5.9	7.2	9.5
3	재직 기간	#	13	10.4	10.2	11.3
	리드 획득					
4	유효 리드 건수	#	1,450	1,600	1,850	2,000
5	방문, 약속 건수	#	406	448	518	560
6	상담 건수	#	290	368	352	420
7	데드 비율	%	29%	18%	32%	25%
	생산성					
8	유효 리드 건수/생산 인원	#	322	271	257	211
9	방문 약속 건수/생산 인원	#	90	76	72	59
10	상담 건수/생산 인원	#	64	62	49	44
11	전환 비율	%	20%	23%	19%	21%
	파이프라인/부킹					
12	파이프라인	¥	725,000,000	1,177,600,000	843,600,000	1,176,000,000
13	부킹	¥	217,500,000	329,728,000	278,388,000	294,000,000
14	평균 상담 금액	¥	2,500,000	3,200,000	2,400,000	2,800,000
15	평균 부킹 금액	¥	2,678,571	2,986,667	2,329,412	2,500,000
16	클로즈 비율	¥	30%	28%	33%	25%
17	클로즈 비율	¥	28%	30%	34%	28%

〈 인사이드 세일즈 부서의 KPI 관리 〉

있지만, 상당한 부분을 주관에 의존한다는 점이다. 활동 건수도 단지 전화를 한 횟수나 메시지를 보낸 횟수로는 의미가 없다. 약속을 잡은 건수도 고객은 내키지 않는데 "잠깐 만나주시기만 하면 안 될까요?"라고 말하면서 잡은 약속도 있을 것이다. 상담화가 가능한지는 영업의 기술이나 판단에 따라서도 달라진다. 영업에 따라 편차가 있는 것은 피할 수 없기 때문에 인사이드 세일즈의 공헌을 정당하게 평가할 수 없다.

그렇다고 해도 수치를 경향에 따라 일정기간 쫓아가면 어디에 개선점이 있는지 보인다. 어디까지나 조직 전체를 부감해서 개선점을 찾을 목적으로 파악하자. 인사이드 세일즈 개인의 평가에 대해서는 참고 정도로 그치고 매니지먼트 스스로가 제대로 행동을 관

비고
인사이드 세일즈의 사원 수
시작 기간을 고려한 실제 생산 인원
평균 재적 월수
마케팅 부서가 정밀 조사한 유효 리드 건수
인사이드 세일즈 부서가 영업에 넘긴 리드 건수
영업이 상담이라고 간주한 리드 건수(상담)
(5) 중에 (6)으로 인정받지 못한 비율
(4)÷(2)
(5)÷(2)
(6)÷(2)
(6)÷(4)
작성된 상담 금액
수주한 상담 금액
상담을 만든 시점에서 평균 금액
수주한 시점의 평균 금액
금액 베이스의 수주율
건수 베이스의 수주율

찰하고 평가하도록 노력해야 한다. 수치 평가를 승급·승격의 조건으로 우선하면 질 저하를 비롯한 여러 가지 문제가 나올 것이다.

예를 들어 회사의 입장에서 대기업 리드는 상담이나 수주까지 시간이 걸려도 끈질기게 관리해서 다음으로 연결하려고 하지만, 인사이드 세일즈 개인의 시점에서 보면 자신의 '공정 수'가 줄어드는데다가 약속이 잡힌다 해도 상담하는 데에 시간이 걸릴 가능성이 클 것이다. 개인 목표를 달성하는 데에 쫓기고 있으면, 단기간에 상담이 성사되기 쉬운, 소규모이며 현장의 담당자가 창구인 리드를 관리하는 경향이 생길 것이다.

따라서 매니지먼트는 회사의 우선순위를 명확히 전달하고, 수치만으로 평가하지 않는다는 것을 반복적으로 알려야 한다.

제 9 장
영업(필드세일즈)

상담 단계 관리

수익 모델의 전체 그림에서 '상담'이라는 하나의 상자로만 표현되어 있지만 이 단계의 중요도가 낮은 것은 아니다. 오히려 B2B에서는 이 마지막 구간의 대응으로 승부가 갈린다. 그리고 상담이라는 스테이지 속에서 한층 더 세분화해서 단계를 관리해 파이프라인이나 포캐스트(Forecast, 예측) 관리를 실시한다. 상담 단계를 관리하는 기업은 이전에 비해 늘었지만, 실제 제대로 운용되고 있는 기업은 많지 않다. 그것은 '단계의 이행 판정 기준'이 애매하거나 자사의 상품 영업 프로세스와 맞지 않기 때문이다. 상담 단계 관리의 일례를 다음 표에 나타냈다.

상담 단계	단계1 리드 이상, 상담 미만	단계2 비즈니스 과제의 인식	단계3 평가와 선정	단계4 최종 교섭과 의사 결정	단계5 품의 결정 프로세스	Closed Won 수주	Closed Lost 수주 실패
확실성	0%	25%	50%	75%	90%	100%	0%
정의	상담 관리의 누락을 방지하기 위한 리드 이상, 상담 미만의 단계에 있는 고객의 비즈니스 과제를 깨닫게 하고, 그것을 해결하는 수단이 자사에 있다고 이해하게 한다	고객의 비즈니스 과제 (비즈니스 이슈), 문제점, 해결책 (솔루션), 효과 (베네피트)의 네 가지를 정리한다	키맨(직급이 아니라 영향력을 지닌 사람)과 단계2 에서의 네 가지 포인트를 합의하고, 자사가 경쟁사에 비해 차별화할 수 있는 강점이 고객에게 선정 조건이 되도록 상담을 진행해서 자사 제품을 선정하게 한다	고객과 합의한 계약에 이르기 까지 스케줄과 계약에 필요한 업무를 양쪽에서 확인하여 정식 으로 품의 프로세스를 개시하게 한다	고객의 정식 품의 결재 프로세스. 최악의 케이스로 발생할 가능성이 있는 리스크에 대비해서 준비와 대응을 하고 계약을 체결한다	–	–
이행 판정 기준	·자사의 제품이나 서비스로 해결 가능한 비즈니스 과제를 가지고 있다 ·의사 결정의 타임라인이 일정 기간 내에 있는 것	요건 상세 확인이나 데모, 프로토타입에 의한 검증 개시 ·타사 제품과의 비교 검토 개시	·자사 제품이 선정된다	· Mutual Close Plan을 고객과 상호 합의한다 · 고객 담당자가 품의 결재의 준비를 개시한다	·계약 완료	–	–

〈 상담 단계 관리의 사고방식 〉

기준이 명확하지 않으면 영업별로 제각각 인식하므로 애써 상담 단계를 관리해도 포캐스트의 정밀도가 개선되지 않는다. 다른 회사의 것을 참고해도 되지만, "우리도 이런 단계 관리를 사용할 수 있을 것 같아"라고 표면만을 보고 운용하는 것이 아니라 자사의 상품이나 영업의 진행방식을 연구하고 자사에 맞는 단계의 설계에 도전하기 바란다. 이후에 소개하는 단계는 일반적인 IT솔루션의 상품을 모델로 하고 있다.

단계1 「리드 이상, 상담 미만」

상담 단계를 관리하기 전에 애초에 무엇을 상담으로 판단하는지 기준을 정해야 한다. 인사이드 세일즈에서 영업으로 예상 안건을 넘기는 경우, 그 모든 것을 상담으로 하는 것은 아니다.

"방문해보니 자사의 제품과 서비스로 대응할 수 없었습니다."

"가능성은 있지만, 예산 관계로 이번 분기는 어려워 보입니다. 다음 분기에 예산화할 수 있을지 없을지 모르겠습니다."

"담당자는 개인적으로 검토하고 싶어 하지만, 회사의 검토 단계에는 없습니다."

이런 상황은 자주 있는 사례다. 또한 마케팅이나 인사이드 세일즈 이외에도 고객이나 대리점의 소개, 콜드콜에 의한 발굴 등 여러 가지 루트가 존재한다. 특히 아웃바운드로 발굴하는 경우는 처음 접촉으로 곧바로 고객 상담이 이루어질지 판단할 수 있는 경우는 드물고, 조금씩 다져지면서 구체적인 상담으로 연결되는 일이 많다.

이렇게 당장은 상담이 되지 않지만 마케팅에 의한 리드 육성이나 인사이드 세일즈에 의한 관리가 아니라, 영업이 접근하는 대상은 어딘가에 등록되어 있지 않으면 영업이 관리하는 것을 잊어버린다. 따라서 이런 리드 이상, 상담 미만을 단계1로 관리한다. 다만 여기에서 어느 정도가 상담으로 이어지는지는 걸리는 시간이나 확률의 편차가 크기 때문에 파이프라인 계산에서는 제외한다. 파이프라인에 포함하면 수주율 등의 지표에 영향을 미치기 때문이다.

그러면 목표에 대한 충분한 파이프라인이 있는지의 판단을 잘못할 수도 있다.

이 단계에서 가장 중요한 것은 정기적인 관리를 빠뜨리지 않는 것이다. 또 상대가 알아차리지 못한 과제를 일깨워주어야 한다. 대부분의 회사는 자신들의 과제 자체를 깨닫지 못한다. 과제를 의식하게 해서 이 정도 기간에 착수하자는 대화가 이루어지면 상담으로 진행하는 출발선에 설 수 있다.

이행 판정 기준

· 자사 제품이나 서비스로 해결 가능한 비즈니스 과제를 가지고 있다.

· 일정 기간 이내에 의사를 결정해야 한다. 그 기간은 자사의 평균 상담 일수나 영업 부서별 특성에 따라 설정한다.

단계2 「비즈니스 과제의 인식」

———

구매 검토 단계를 표현할 때 사용하는 불신, 불필요, 부적격, 불급 중에서 여기는 불필요를 돌파하는 단계다. 즉 과제를 인식하고, 이 제품이나 서비스가 필요하다고 이해하게 하는 단계다.

상담이 되는 조건으로 이전에는 BANT 조건이 사용되었지만, 원자재형 상품처럼 이미 필요성이 명확한 것, 정기적으로 교체하는 제품에는 통용되어도 솔루션형의 상품에서는 기능하지 않는 것이 많다. 후자의 경우 원래 예산화되어 있는 것 자체가 적고, 프로젝트로 되는 과정에서야 결재자가 명확해지는 경우도 적지 않다. 당연히 도입 시기도 불명확해질 수밖에 없다. 과제가 있음을 알아도 그것을 고객이 해결하고 싶다고 생각하지 않으면 앞으로 진행되지 않는다. 영업 활동의 프로세스 중에서 어느 단계가 가장 중요하느냐고 물어오면 주저 없이 이 단계를 꼽을 것이다.

Budget(예산)
Authority(결재권)
Needs(필요성)
Timeframe(도입 시기)

〈 BANT 조건 〉

영업사원 중에는 이 단계에 충분한 시간을 할애하지 않고, 고객이 의뢰한 데모나 제품 설명, RFP(제안 의뢰서) 등에 맞추어 진행하려는 사람이 많다. 그러나 이 단계를 파고들지 않으면 최종적으로 경영진에 품의를 올린다고 해도 '지금 이것은 중요 과제가 아니다', '다른 우선 과제가 있을 것이다'라고 반대해서 중단될 것이다.

마지막 클로징이 약하다고 하면 영업 프로세스 후반의 교섭이나 마무리가 약하다고 생각되겠지만, 실제로는 이 초기 단계의 진행방식에 과제가 있는 편이 많다. 고객과 대화가 무르익어 순조롭게 진행됐는데 갑자기 상담이 끊긴 경험이 있는 사람도 많을 것이다. 그것은 "이런 일을 할 수 있으면 편리할 텐데"라고 하는 상대의 이야기에 동조할 뿐, 회사의 과제와 제안이 매치되어 있지 않기 때문이다. 해결책으로 다음 그림을 머릿속에 넣으면서 대화하기를 추천한다.

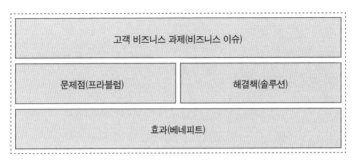

〈 상담 시 머릿속에 넣어둘 그림 〉

  예를 들어 어느 기업이 3년 후에 매출을 배로 늘리려고 생각한다고 하자. 그 목표를 달성하는 데에 장벽이 되는 것이 비즈니스 이슈다. 영업 생산 능력이 부족하다고 생각한다면 영업 인원을 채용하고 대리점을 확대하는 일. 경쟁사와 치열한 점유율 싸움이 있다면 경쟁사에 대한 승률을 올리는 것이 비즈니스 과제가 될 것이다.

  다음의 문제점은 특히 현장의 담당자가 일상 업무에서 문제로 느끼고 있는 것이다. 경쟁사에 대한 자사의 강점을 정리한 자료가 없는 것, 경쟁사가 접근하고 있는 기업을 살피는 구조가 없는 것, 대리점과 상담을 공유하는 구조가 없는 것 등이 문제점이다.

  이것을 해결하는 수단이 솔루션으로 자사의 제품이나 서비스가 제공하는 기능이 해당된다. 예를 들어 고객과 대리점의 정보를 일원 관리하는 데이터베이스, 고객이 웹사이트를 방문했을 때 알아내서 영업에 통지하는 구조 등이다.

마지막 베네피트는 투자 대비 효과로 정량·정성 양쪽을 포함한다.

힘을 쏟아야 할 단계

상담의 대상이 되는 회사의 중기 경영 계획, 홈페이지에 있는 사장의 메시지 등을 읽고 제안하는 것은 많은 영업사원이 실천하고 있다. 그러나 상담의 프레젠테이션에서 그 회사의 경영 과제를 논하면서 그 뒤를 잇는 해결책이 경영과제와 매치되지 않는 모습이 자주 보인다.

예를 들면 '새로운 시장 개척', '고객 내 점유율 확대'라는 경영상의 중점 목표가 있다고 하자. 첫 슬라이드에서는 '귀사의 과제', '프로젝트의 목적'이라는 타이틀로 시작하는데 다음 내용부터 갑자기 'KPI를 가시화한다', '실시간으로 정보를 공유한다', '시스템을 통합해 이중 입력 등의 부담을 줄인다'라는 이야기가 나오는 식이다.

이는 앞 그림에 있는 고객의 비즈니스 과제(비즈니스 이슈), 문제점(프라블럼), 해결책(솔루션), 효과(베네피트)의 네 가지가 정리되어 있지 않기 때문이다. 고객과 상담할 때는 이 그림을 노트북이나 컴퓨터 화면에서 확인하고 고객이나 자신이 발신하는 키워드가 어느 구역 안에 들어가는지 항상 의식하면서 대화하면 좋은 훈련이 된다. 그리고 그 상담 내용을 토대로 제안을 구성하면 논리적이고 호소력이 생긴다. 성과가 잘 나오지 않는 영업사원은 비즈니스 이슈의 틀이 좀처럼 채워지지 않고, 프라블럼이나 솔루션만 있음을 깨달을 것이다.

그것은 영업 기술의 문제만이 아니라 면담 상대가 현장 담당자에 머물러 있는 것도 원인이다. 현장 담당자는 자신이 곤란을 겪는 일에 주목하는 경향이 있어서 대다수가 경영 수준에서 생각하는 과제와 일치하지 않는다. 상담의 후반에 실시하는 최종 제안이나 교섭의 단계에 주력하는 영업은 많지만, 실제로는 전반이 훨씬 중요도가 높다. 의사 결정자인 경영진은 검토 단계에서 등장하지 않는 경우가 많기 때문이다. 비즈니스 과제를 인식하고 목표를 설정하며 검토 팀을 만드는 단계까지는 경영진의 80%가 참가하고 있다고 하지만, 구체적인 검토 국면에 접어든 뒤의 관여 정도는 30%에 그치고 최종 결정 단계에서 다시 관여한다.

　고객 중에서도 경영진과 담당자 사이에 인식의 차이가 생기는 경우가 많다. 담당자가 비즈니스 이슈가 아니라 프라블럼에만 의식이 쏠려 있는 경우, 그에 맞춘 기능을 설명하고 '상대방의 요망에 맞는 제안을 했다'라고 안심하고 있으면 최종 결재 단계에서 경영진에게 기각될 것이다.

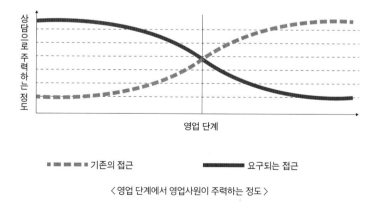

〈 영업 단계에서 영업사원이 주력하는 정도 〉

이런 재작업을 없애려면 최종 교섭이 아니라 빠른 단계에 경영진을 만나야 한다. 위의 그래프와 같은 형태로 주력해야 할 단계를 그려두자. 온라인에서 정보를 수집하는 비율이 점점 증가하고 있는 요즘에는 초기 단계에 있는 잠재 고객을 얼마나 찾아내는지에 따라 승부가 갈린다.

이행 판정 기준

· 요건 상세 확인 및 데모, 프로토타입에 의한 검증 개시.

· 타사 제품과의 비교 검토 개시.

단계3 「평가와 선정」

────

원자재형 상품은 갑자기 이 단계에서 시작하는 일도 적지 않다. 정기적으로 교체 시기가 오는 하드웨어를 취급하는 영업사원은 그 시기를 놓치지 않도록 접근 빈도를 높이는 것만으로도 상담을 늘릴 수 있다.

하지만 솔루션형 상품의 경우 이 단계에서 고객에게 상담을 진행할 만한 가치가 있다고 인정받아야 한다. 고객은 다른 선택지인 경쟁사와 비교하기 때문에 영업은 비용뿐 아니라 자사의 강점을 살린 제안을 해야 한다. 즉 선정 조건을 스스로 만들어낼 필요가 있다.

경쟁사가 나타났을 때 상황을 정리하는 효과적인 프레임워크가 다음 그림이다.

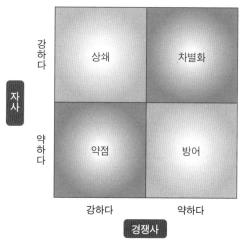

〈 경쟁사 차별화 매트릭스 〉

좌측 상단의 상쇄는 자사와 경쟁사 양쪽의 강점이라고 생각할 수 있다. 왼쪽 하단의 약점은 경쟁사가 더 우위에 있는 점. 오른쪽 상단의 차별화는 자사가 경쟁사와 차별화할 수 있는 강점이다. 오른쪽 하단의 방어는 경쟁사와 자사 모두 약점이며, 고객의 니즈에 맞지 않는 부분이다.

여기서 중요한 것은 '해당 고객의 입장에서'라는 전제 조건이다. 일반론으로 "경쟁사보다 우리가 우위인 점은 이런 부분입니다"라고 말해도 그 강점이 고객의 요건과 관계없으면 아무 의미가 없다. 예를 들면, 유저 프렌들리라서 현장에서 사용하기 쉽다는 특징이 있는 툴의 경우, 그 고객이 자사에 다수의 엔지니어를 보유하고 있고 스스로 유저 인터페이스를 개발하는 자유도를 요구하고 있다면 그 특징은 강점이 되지 않는다.

자사와 경쟁사, 각각의 강점과 약점을 구상한 후에는 오른쪽 상단의 차별화에 들어가는 것을 선정 조건으로 하도록 상담을 진행하는 것이 가장 바람직하다. 그러기 위해서 자사의 제품·서비스만이 아니라 경쟁사의 제품·서비스에 대해서도 확실히 알아두어야 한다. 타사의 험담을 하거나 잘못된 정보를 인풋하는 영업 활동을 해서는 고객의 신뢰를 얻을 수 없다. '고객의 성공', '고객에게 신뢰받는 존재'라는 가치 기준을 내걸면서도 현장에서 이러한 행위를 하고 있으면 결국 고객은 등을 돌릴 것이다.

직급과 회사 내의 영향력은 일치하지 않는다

앞의 사분면 맵은 영업의 시점이 아니라 선정하는 키맨이 봤을 때 그러한 상태로 보여야 의미가 있다. 인바운드로 만들어진 상담의 경우 평가와 선정 단계에서는 담당자밖에 만나지 못하는 경우도 많다. 그러나 기업의 규모나 프로젝트가 커질수록 많은 관계자가 관여한다. 그러면 각각의 우선순위, 선정의 축이나 속도감이 전혀 달라진다.

경영진은 회사 전체의 경영 과제에 몰두하는데, 부서장은 자기 부서의 범주에서 우선순위를 생각하기 쉽다. 담당자가 되면, 어떻게 예산 내에서 관리할 것인지, 어떻게 하면 자신의 업무가 편해질지 등으로 좁은 견해를 보이는 경향이 있다. 또한 경영진은 경영 과제에 몰두하기 위해 필요한 자원이나 예산을 확보하려고 움직이지만, 부서장은 주어진 예산 안에서 변통을 생각하고, 담당자는 할당된 예산을 소화할 것을 생각한다.

주의할 점은 기업 내에서 실제로 파워를 갖고 있는 사람과 직급이 반드시 연동되지 않는다는 점이다.

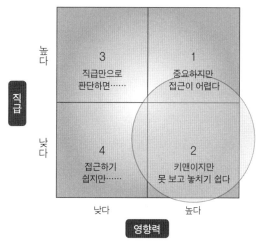

〈 고객사 내의 인플루언서 매트릭스 〉

직급이 상위여도 영향력이 없는 사람이 있다. 반대로 현장의 담당자 중에서도 큰 영향력이 있는 사람이 있다. 이를 구분하기는 쉽지 않다. 주위 사람에게 물어봐도 그런 정보는 쉽게 알려주지 않기 때문이다. 효과적인 방법으로는 미팅 때 참가자들의 반응을 살펴보는 것이다.

나도 경험이 있지만 결재자인 임원이 이야기하는데 부하직원이 '이 사람 잘 모르네'라는 듯이 반대쪽을 보고 있거나 동의할 때도 모호하게 답변하는 등 보디랭귀지가 정보를 주는 일이 있다. 이런 경우는 실제로도 결재자로 보이는 사람들의 의견은 별로 중시되지 않았고, 그 위에 있는 임원이 현장과 직접 소통하며 의사결정을 내리곤 했다.

또한, 현장의 담당자라도 정확한 발언을 하고 임원 앞에서도 적극적으로 발언하는 사람, 지금까지 그 회사의 중요한 프로젝트를 담당해왔다고 하는 타입은 직급에 관계없이 영향력이 있을 가능성이 크다.

영업 활동을 진행하는 데에 주시해야 할 것은 직급이 아니고 영향력이 있는 사람이다. 가장 위험한 것은 담당자이면서 영향력도 없는 사람, 앞의 사분면에서 왼쪽 하단에 위치하는 사람이다. 약속도 쉽게 잡히고 대화도 잘 해주기 때문에 영업사원은 무심코 이 사람과 커뮤니케이션하는 데에 집중하지만 그래서는 발전이 없다. 어떻게 오른쪽 상단에 있는 사람들과 접점을 가질 수 있느냐가 중요한 포인트가 된다.

이행 판정 기준

· 자사제품이 선정된다.

· 회사에서 영향력이 있는 사람을 특정한다.

단계4 「최종 교섭과 의사 결정」

이 단계의 이행 판정 기준은 정식으로 품의 프로세스를 개시하게 하는 일에 있다. 품의를 올리게 하기 위해 무엇이 필요한지는 기업마다 다를 것이다. '사장이나 부서장이 OK하면 되는가?', '정식으로 이사회에서 승인을 얻어야 하는가?'도 중요 확인 사항이다.

이 단계에서는 법무나 파이낸스, 구매 부서 등 관련 부서와의 조정이 필요하다. 이런 단계에서 상담 기간을 얼마나 줄이느냐는 영업사원의 실력에 달려있다. 성과를 내지 못하는 영업은 이 단계에서 다음과 같이 대략적인 보고를 해 온다.

〈3월〉 둘째 주: 품의 작성 준비
　　　　셋째 주: 결재, 승인 프로세스
　　　　넷째 주: 발주
이런 스케줄로 고객과 합의하고 있습니다.

우선 고객과 '합의'라고 할 때 그 합의가 무엇을 의미하고 있는가? "그 시간축으로 진행합시다"라는 적극적 합의와 "그 정도 시간축으로 진행하는 게 현실적인지 모르겠네요"라는 소극적 합의는 이후 진행 상태가 하늘과 땅만큼 다르다. 합의한 상대에 어느 수준까지의 관계자가 포함되어 있는지도 중요하다. 이런 수준의 정보로 진행하다 보면 반드시 나중에 뜻밖의 승인 프로세스가 나타나거나 지연이 발생한다.

고객은 자기 일로 바쁘다. 구매 부서가 아닌 한 결재에 필요한 프로세스를 모두 파악하고 있는 일은 없을 것이다. 오히려 제안하는 영업 쪽에서 "앞으로 이런 업무가 있을 것입니다. 확인해보세요. 각각 역할을 분담해서 진행해나갑시다. 이런 느낌의 스케줄로 진행하면 ○달에는 프로젝트가 가동할 것입니다"라고 확인해주는 것이 Mutual Close Plan이다.

Close Plan이라고 하면 "언제까지 발주해주세요"라고 상대에게 강요하는 것으로 착각하는 사람이 많다. 하지만 언제까지 계약해달라고 재촉하는 영업사원만큼 답답한 존재도 없다. Mutual Close Plan이란 자사와 고객의 양쪽에서 계약까지 필요한 업무를 리스트업한 일람표다. 빠른 단계에서 이 계획을 제시해두면 고객이 무엇을 해야 하는지 확인하는 페이스메이커가 되고 프로세스의 어디에 리스크가 있는지도 쉽게 보인다. 핵심은 업무를 시계열로 나열하고 각각 목표가 되는 날짜를 넣어 진척을 확인하는 일이다. 업무 사항은 '의사결정' 등 애매함이 남는 표현이 아니라 '이사회에서 승인', '본부장의 승인', '구매 부서의 발주'라는 식으로 내용을 명확히 한다. 또한 각각의 업무에서 어느 쪽이 주체로 진행되는지 역할 분담을 명확하게 한다.

상담 기간을 단축하는 포인트

제안의 최종 단계, 가격의 최종 제시가 필요한 타이밍에 "꼭 만나서 협의하고 싶습니다"라고 미팅 일시를 조율하며 시간을 낭비하는 영업사원이 많다. 만나는 자리에서 바로 합의할 수 있으면 좋겠지만 대개는 그곳에서 다시 교섭이 들어와 돌아오게 된다. 이것만으로도 순식간에 1~2주가 지나간다.

만났을 때의 반응을 보고 제안하는 가격을 바꿀 수 있다면 이야기는 다르겠지만, 대부분 처음에 자신이 제시 할 수 있는 카드는 만나기 전부터 정해져 있을 것이다. 메시지나 전화로 먼저 연락을 하면 반응에 따라 대책을 세울 시간이 생긴다.

상담 기간을 줄인다는 것은 이처럼 서로 아무것도 창출하지 않는 비생산적인 시간을 최소화하는 일이지, 빨리 결정하라는 강매와는 다르다. 그리고 이 시간은 고객이 아니라 영업 담당자 스스로가 통제할 수 있다. 일용품 구매와 달리 어느 정도의 금액을 투자해야 하면, 검토 재료가 모두 제시되어 있다고 해도 마음을 정리할 시간이나 다른 좋은 옵션이 있지 않나 생각할 시간도 필요하다.

실제로 자동차나 집 등 고액 상품을 구매한 경험이 있는 사람이라면 알겠지만, 빨리 사인해달라고 재촉만 하는 영업사원과는 만나고 싶지 않을 것이다. 하지만 "고객님의 마음이 정해지시면 알려주세요"라고 말하는 영업사원도 미흡하다. 그러니 "계약 후에는 관공서에서 이런 절차가 필요합니다. 이때는 신분 서류가 꼭 필요하니 준비해두는 편이 좋습니다. 이 보험의 옵션은 예산과 맞추어 검토하시면 어떨까요?"라는 식으로 예상되는 업무를 미리 고객에게 전해주는 것이 좋다. 납품 등의 목표 날짜에서 역산해 언제까지 무엇을 완료해야 좋을지 알기 쉽게 정리해주는 영업 담당자는 의지가 된다.

너무 세세한 것까지 설명하면 끈질긴 영업사원처럼 보이지 않을지 걱정하는 사람도 많겠지만 유익한 정보를 전달하면 오히려 제대로 된 사람이라고 평가해줄 것이다. 진정으로 상담을 계속 진행하고자 하는 고객이라면 구매 의사를 결정한 후의 나머지 세세한 프로세스는 별다른 의미없는 기계적인 일을 처리하는 시간이므로 빨리 진행하고 싶을 것이기 때문이다.

Mutual Close Plan이란 말 그대로 일방적이 아니라 서로Mutual 합의해야 하는 것이다. 상대에게 언제까지라며 수주를 강요하는 것이 아니라, 서로 테이블의 같은 쪽에 앉아서 절차의 누락을 없애기 위해서 협력하고 프로세스에 몰두한다면 수주는 가까이에 있을 것이다.

이행 판정 기준

· Mutual Close Plan을 고객과 상호 합의한다.
· 고객 담당자가 품의 결재의 준비를 개시한다.

단계5 「품의 결재 프로세스」

———

고객이 품의 결재를 준비하기 시작하면 높은 확률로 수주로 이어지겠지만, 일정 확률로 단계가 후퇴하거나 수주 실패로 이어질 수도 있다. 그것을 방지하기 위해서 필요한 것은 리스크를 알아차리는 능력이다.

이것은 우리가 운전할 때 예측해서 운전하는 행동을 예로 들면 이해하기 쉽다. 사고를 내지 않는 운전자는 '대형차 뒤에 오토바이가 있을지도 모른다', '보이지 않는 곳에서 보행자가 튀어나올지도 모른다'라고 예상되는 리스크를 의식하면서 운전하기 때문에 어떤 돌발 변수가 생겼을 때도 순간적인 타이밍에 대처할 수 있다.

유능한 영업사원도 이와 마찬가지로 발생할 수 있는 리스크를 다양하게 떠올리므로 사전에 대처할 수 있다. 무슨 일에서든 경험이 적은 사람은 최선의 경우를 예상하고 경험이 풍부한 사람일수록 최악의 경우에 대비하는 법이다. 뒤집어 생각하면 과거에 실패를 맛본 사람은 그 경험을 살릴 수 있다. 그러니 실패가 있어도 다음으로 이어진다는 긍정적인 마인드로 영업에 몰두하기 바란다.

여기에 내가 실패한 경험을 살려 몇 가지 체크포인트를 꼽아보았다. 실패를 통해 이 리스트가 늘어날수록 자신의 자산이 될 것이다.

최종 승인자가 누구인가?

최종 승인자가 누구인지 묻는 것만으로는 불충분하다. 임원이 사내 프로세스상의 승인자라고 해도 그 임원이 부장이 결정한 바를 그대로 승인하는 사람이라면 실질적인 최종 승인자는 부장이다. 또 예산을 가지고 있는 부서의 의견이 통하는 게 일반적이지만 IT나 구매 등 관련 부서가 힘이 센 경우도 있다.

발주서에 사인하는 사람은 누구인가?

최종 승인자와 다른 경우가 많다. 이것을 파악해두지 않으면 애써 승인이 떨어져도 예정일까지 발주가 늦는 일이 생긴다. 발주를 챙기는 경리나 구매 부서의 경우 업무시간 외의 무리한 부탁은 불가능한 일이 많으므로 주의해야 한다.

품의 결재는 전자승인인가, 서류를 돌리는가? 구두 승인으로 OK 인가?

전자승인이라면 해외출장 중에도 원활하게 진행되지만, 서류를 돌리는 경우는 프로세스가 진행되지 않는 경우도 있다. 예전에 실제로 있었던 사례인데, 모든 승인이 끝났음에도 발주서에 찍는 도장이 사장실 금고 안에 있었다. 열쇠는 있지만 사장님의 허가가 없으면 열 수가 없었다. 사장은 해외출장 중이었고 비행 중에는 연락이 되지 않아 정식 발주가 늦어졌다. 이것은 극단적인 사례지만, 이정도로 예상외의 일이 일어난다는 것을 머리 한쪽에 넣어두기만 해도 리스크를 파악하는 능력이 높아질 것이다.

이사회나 경영 회의에서 결의가 필요한가?

개최일시를 확인하는 것은 물론이고 언제까지 자료를 준비해야 하는지 확인하는 것도 좋다. 애초 기안 담당자가 당일까지 자료를 준비하면 된다고 했으나 경영기획실에서 이사회 전 주 금요일 17시까지 자료를 제출하지 않으면 다음으로 넘긴다고 해서 승인이 다음 달로 넘어가는 경우를 본 적도 있다.

참가 멤버의 확인도 중요하다. 최근에는 사외이사가 많아졌는데, 이들의 역할은 체크를 하는 것이기 때문에 반대는 하지 않아도 질문과 과제를 내는 경우가 많다. 그 자리에서 회답할 수 없으면 다음 기회로 넘어가고 만다.

승인되지 않은 경우 다음 정기 개최까지 기다릴 필요가 있는지, 임시 소집 또는 개별 설명으로 문제가 해결 되는지도 파악해두자.

기안자가 과거에 같은 금액의 결재를 통과시킨 적이 있는가?

기안자 본인은 사내에서 얼마 이내라면 누구의 승인이 필요하다는 규정을 이해하고 있어도 실제 관습으로는 다른 승인 루트가 필요하다는 사실이 신청하고 나서야 판명되는 경우도 있다. 기안자가 결재 프로세스를 숙지하고 있는지는 비슷한 규모의 결재를 통과시킨 경험의 유무나 회사의 재적 기간의 길이로 어느 정도 판단할 수 있다.

매니지먼트가 봐야 할 상담의 일곱 가지 항목

———

상담의 단계를 설정해도 영업 담당자가 그것을 따라서 실행하지 않으면 아무 의미가 없다. 제대로 프로세스를 돌리려면 매니지먼트의 관리 감독이 꼭 필요하다. 그러나 바쁜 영업 담당에게 단지 지시만 내린다고 일이 잘 풀리는 것은 아니다. 매니지먼트는 관리한다는 발상이 아니라 스스로 현장에서 무슨 일이 일어나고 있는지 이해한다는 마인드가 요구된다. 이를 위해서도 영업과의 커뮤니케이션이 중요하며, 영업 회의는 효과적인 수단 중 하나이다.

그러나 매주 영업 회의를 기대하는 사람은 별로 없을 것이다. 오히려 "상사에게 추궁이나 당할 테니 가능하면 나가고 싶지 않습니다"라는 사람이 많을 것이다.

또 "각자 상담 진척을 보고해주세요"라는 말로 회의를 시작하는 회사도 많은데, 굉장히 비생산적인 영업회의라고 할 수 있다. 영업사원의 의욕을 꺾을 뿐더러 일일이 설명하게 하는 것은 시간 낭비다.

SFA 등을 활용한다면 사전에 정보를 읽고 질문 포인트를 좁혀서 시간을 효율적으로 사용할 수 있다. 내용을 읽는다고 해도 샅샅이 훑어볼 필요는 없다. 다음 항목에 주목하면 개략을 이해할 수 있을 것이다.

수주 예정일

상담 초기 단계에서는 대략적인 날짜를 입력할 수밖에 없지만, 적어도 '단계4 최종 협상과 의사결정'에서는 명확한 의사가 있는 날짜가 정해져야 한다. 일단 분기 말의 마지막 날로 설정해두는 영업사원이 많은데, 이사회 날짜와 결재가 어떤 루트로 돌아가는지 등의 정보가 들어오면 구체적인 날짜를 알 수 있을 것이다.

프로젝트 개시, 납품, 검수 등 수주 후에 일어나는 프로세스까지 명확히 해서 언제까지 무엇을 한다고 확실히 선을 긋는 작업을 할 수 있으면 수주 예정일을 입력하는 데에 질이 높아진다. 최대한 정확한 날짜를 입력하는 영업사원과 왠지 이 시기에 할 것 같다고 예상하는 영업사원은 수주율부터 포캐스트의 정밀도까지 모든 면에서 차이가 난다.

금액

상담의 초기 단계에는 어림잡은 견적으로 입력할 수밖에 없지만, '단계3 평가와 선정'에서는 더 정확한 숫자가 요구된다. 보수적인 숫자를 넣는 사람, 즉흥적인 금액을 넣는 사람 등 여러 성향이 있지만 조직에서 일정한 방침을 정해두지 않으면 포캐스트에 영향을 미친다. 워스트 케이스의 금액인지, 베스트 케이스의 금액인지 회사가 방침을 결정해두자.

단계

상담 단계에 대해서는 이행 판정 기준을 아무리 명확히 해도 사람에 따라 불균형이 생긴다. 매니지먼트가 상담 내용을 리뷰하고 올바른 단계가 입력되지 않았다고 느낄 경우에는 그때마다 수정해서 매니지먼트의 기준을 철저히 한다. 이런 노력을 지속적으로 실시하면 장기적으로 표준화가 되어 간다.

경쟁사

단지 경쟁사가 어디인지만이 아니라 경쟁사보다 우세인지, 막상막하인지, 열세인지를 파악하도록 노력해야 한다.

상담 일수·단계 정체 일수

상담 일수는 상담을 만든 뒤 경과한 일수이고, 단계 정체 일수는 그 단계에 들어와서 경과한 일수이다. 신규 상담의 경우 평균 상담 일수를 크게 지났다면 정말로 움직이고 있는 상담인지 확인하는 목적으로 사용할 수 있다. 그러나 대형 상담 등은 장기화되는 경우가 많으므로 상담 일수만이 아니라 단계 정체 일수도 확인해서 같은 단계에서 정체하고 있지 않은지 더블 체크를 실시한다.

업셀/크로스셀 상담에서 상담 일수가 며칠정도의 짧은 단위로 수주를 반복하는 영업이 있을 경우, 직전까지 숨겨두고 있거나 고객이 구매하고 싶다고 할 때까지 관리되지 않는 수동적 영업일 가능성이 있다.

넥스트 스텝

넥스트 스텝은 영업이 다음에 취하는 액션이지만, 'ㅇ월 ㅇ일에 방문'이라는 단순한 행동 예정이 아니라, 다음 단계로 진행하기 위해 무엇이 필요한지 살피는 관점에서 기재한다. 넥스트 스텝의 기재 내용으로 그 영업의 수준을 알 수 있다.

영업 부서는 이번 분기의 수치도 중요하지만 그것을 달성하기 위해 파이프라인을 쌓아올리거나 타깃 어카운트의 준비 등 단기와 중장기 양쪽에 눈을 돌려야 한다. 하지만 양쪽의 이야기를 같은 회의에서 꺼내면 초점을 좁힐 수 없다. 실적이 순조로울 때는 여유롭게 장래의 이야기도 할 수 있지만, 어려워지면 "이번 분기 수치는 어떤가?"라며 눈앞의 일에만 집중하고 만다.

이것을 회피하기 위해서는 미리 미팅을 두 가지로 나누어 실시하는 것이 좋다. 그것이 파이프라인 미팅과 포캐스트 미팅이다.

90%의 영업이 착각하고 있는 파이프라인 사고방식

———

영업 부서의 역할은 매출 목표를 달성하는 것이다. 그러려면 파이프라인을 만들어야 한다. 어떤 조직이라도 파이프라인 이상의 매출을 올릴 수는 없다. 성과를 올리는 조직은 매출로 연결될 것 같은 상담을 쫓는 것만이 아니라 항상 조금 앞을 내다보고 파이프라인의 숫자를 신경 쓰고 있다. 내가 팀원들에게 파이프라인 숫자에 대한 감을 높이기 위해 자주 하는 이야기가 있다.

첫 번째는 시간축이다. 가령 평균 상담 일수가 60일이라고 하자. 3월 1일에 첫 방문하는 안건을 수주할 수 있는 것은 이론상 4월 30일이 된다. 수주율이 25%라고 하면 4건의 첫 방문이 생기면 겨우 1건만이 수주된다. 만약 3건밖에 없으면 4월 30일에 수주할 수 있는 거래는 제로일지도 모른다. 3월에 발굴 활동에 힘써서 4월 초에 약속을 4건을 잡았다고 해도 그것은 4월이 아니라 5월 말에 수주할 수 있는 1건이 된다. 이런 감각이 있는 영업사원이 매우 적다.

두 번째는 확률의 이야기다. 3월 1일 시점에서 상담을 20건 가지고 있다고 하자. 그중 상담이 1건 성사되었을 때 남은 파이프라인이 몇 건이냐고 물으면 거의 전원이 19건이라고 대답한다. 그러나 수주율이 25%라면 1건 수주는 3건 수주 실패를 뜻한다. 즉 이 경우 1건 수주했을 때 남은 상담은 16건밖에 없다는 것이 정답이다.

많은 영업이 꾸준히 수치를 달성하는 데 어려움을 겪는 것은 이 사실을 모르고 자신의 파이프라인이 실제보다 더 많다고 착각하기 때문이다. 깨달았을 때는 이미 늦었다. 이런 계산을 할 수 있는 우수한 영업은 파이프라인 쌓기를 절대 게을리하지 않는다.

한편 이러한 사고방식에 저항을 느끼는 영업사원도 많다. 분명히 단기로 대형 상담을 수주하는 일도 있을 것이고, 연전연승으로 상담을 수주하는 일도 자주 있다. 연도의 마지막에 큰 상담을 한방에 수주하면 모든 것이 상쇄될지도 모른다. 그러나 주사위를 계속 굴리다 보면 나오는 숫자의 확률이 비슷해지듯이, 연간을 통틀어 보면 지금의 자신의 실력에 맞는 평균치에 자리를 잡는다. 그것이 한 개인이 아닌 팀, 부서, 조직 전체라면 더 그렇다.

실적을 올려나가는 영업사원은 파이프라인의 숫자에 민감하다. 이 점은 아무리 강조해도 지나치지 않다. 이를 근거로 파이프라인 미팅은 다음 항목에 주의해서 실시하는 것이 좋다.

파이프라인의 정보가 깔끔한가?

다음 조건에 들어맞는 것을 찾아내서 수정한다.

· 수주 예정일이 과거 날짜가 되어 있는 것.
· 수주 예정일이 분기 마지막 날에 집중하는 등 근거 없이 입력되어 있는 것.
· 상담의 넥스트 스텝이 과거 2주간 갱신되지 않은 것.
· 평균 상담 일수가 극단적으로 긴 것.(기준은 평균 상담 일수의 두 배)

· 단계 정체 일수가 극단적으로 긴 것.(평균 상담 일수보다 길다)

· 수주 예정일이 3회 이상 미끄러진 것.

목표에 대해서 충분한 파이프라인이 있는가?

목표에서 역산해 달성하는 데에 충분한 파이프라인이 있는지 검증한다.

· 파이프라인의 총액이 매출 목표에 비해 충분한가?(목표 숫자의 3배)

· 당 사분기+다음 2개의 사분기를 전망했을 때 매출 목표에 필요한 파이프라인이 작성되어 있는가?

· 과거 사분기의 같은 시기와 비교한다.

· 각 단계의 분포는 적정한가? 총액이 같아도 초기 단계의 상담이 지나치게 많은 경우는 리스크가 크다.

· 신규와 기존이 적절히 섞여 있는가? 극단적으로 기존 비즈니스에 의존하다 보면 나중에 리스크가 생긴다.

· 특정 영업에 편중되어 있지 않은가? 너무 집중되면 상담할 시간이 없어지고 위험 부담이 커진다.

포캐스트의 오차 허용 범위

———

포캐스트 미팅의 목적은 당월이나 당 사분기 등 단기 매출 목표에 대한 진척을 확인하는 것이다. SFA가 보급되면서 예전과 비교해 상담관리에 대한 이해가 확산되고 있지만 아직 수주 확실성과 단계 관리가 혼동되는 일도 많다. 상담의 단계 관리는 상담의 현재 상황을 올바르게 이해하기 위한 것이며, 포캐스트는 반드시 단계와 일치하지 않는다. 운용 시에는 다음과 같이 상담 단계와 포캐스트의 카테고리를 매칭시킨다.

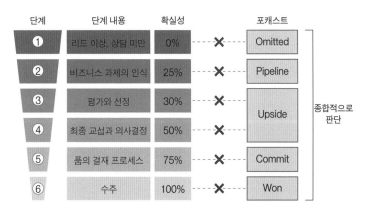

< 상담 단계와 포캐스트의 관계. 상담 단계는 현재 상황을 올바르게 이해하기 위한 것이고, 포캐스트는 수주 확실성의 종합적인 판단이다. >

예를 들어 단계2는 파이프라인(상담 초기 단계로, 수치를 읽을 수 없다), 단계3과 4는 업사이드(수치의 상승 요소가 되는 상담), 단계5는 커밋(수치 예측으로 확정된 상담)이라는 식이다. 그러나 상담 기간이 반년 이상 걸릴 것으로 예상되는 대규모 상담에 대해 단지 진척에 맞춘 카테고리로 포캐스트를 하고 있으면 왜 아직 수치로 예측해서 확정을 짓지 않느냐는 말이 나온다. 반대로 상담 기간이 짧은 트랜잭션Transaction 비즈니스가 많은 경우도 마찬가지다. 단계 관리와

포캐스트는 목적이 다르다는 것을 명확히 하고, 영업에 철저히 이해시키는 것이 올바른 포캐스트를 실시하는 첫걸음이다. 포캐스트는 주관이 들어가도 단계 관리는 객관적으로 판단되어야 한다.

파이프라인 미팅에서 데이터의 질이 담보되어 있으면 포캐스트 미팅은 효율적인 것이 되고, 되어 있지 않으면 질질 끄는 의미 없는 것이 된다.

포캐스트는 조직 위로 갈수록 책임이 무거워지고 영업 매니지먼트에게 스트레스를 주는 일이다. 그러나 최종 책임을 지는 것은 상위 매니지먼트라고 해도 영업 한 사람 한 사람이 정확한 포캐스트를 내고, 그 숫자에 책임을 진다는 의식을 평소 철저히 하지 않으면 안 된다. 근소한 오차라도 겹겹이 쌓이면 조직 전체로 봤을 때 엄청난 차이로 이어질 수 있기 때문이다.

포캐스트는 지나치게 공격적이다가 하향 조정해도 안 되지만, 지나치게 보수적이 되어 투자에 억제가 가해지는 것도 허용되지 않는다. 원래 투자해야 할 때 액셀을 밟지 못해 성장 기회를 놓치는 일은 피해야 한다. 오차 범위는 위로 10%, 아래로 5%까지 허용된다고 생각하자.

이상의 관점에서 포캐스트는 정확하게 내는 것이 중요하지만, 정확성만 너무 신경을 쓰면 지금 있는 것에 한해서 수주 가능성을 따지는 축소 균형이 된다. 정확한 포캐스트를 내기 이전에 영업 부서에 부과된 절대 조건은 목표(예상치)를 달성하는 것이다.

예전에 "나는 한 번도 포캐스트를 놓친 적이 없습니다"라고 자랑하는 영업 매니지먼트가 있었는데, 자세히 확인해보니 예상치보다 훨씬 낮은 숫자의 포캐스트를 내는 일이 빈번했다. 이래서는 아무 의미가 없을뿐더러 조직이 성장하지 못하고 악영향을 줄 뿐이다. 반대로 하지도 못할 수치를 내세우고 "꼭 해내겠습니다"라고 말한 뒤 막판에 "죄송합니다"라고 해서도 안 된다. 또 항상 예상치를 목표로 하면 되는 것도 아니다. 파이프라인을 보고 예상치를 초과할 가능성이 있다면 더 높은 목표를 설정해야 한다. 반대로 아무리 생각해도 현실적이지 않을 때 "그래도 예상치를 달성하자"라고 하면 현장은 납득하지 못하고 사기도 오르지 않을 것이다.

매니지먼트는 포캐스트를 정밀하게 조사하는 과정에서 어디에 부서 전체의 목표를 설정해야 하는지 깊이 생각해야 한다. 목표 수치에서 역산으로 사고하는 것도 중요하지만, 정말로 조직을 성장시키는 매니지먼트는 '도전이지만, 달성할 수 없는 것은 아니다'라는 목표를 설정하는 능력이 뛰어나다. 수치는 신기하게도 의식하는 곳에 내려앉는 법이다.

고정밀 포캐스트는 세 가지 요소로 구성된다

매니지먼트는 영업사원이 세운 목표 수치를 모아서 전체 목표를 채우는 작업을 실시한다. 포캐스트는 다음 세 가지 요소에서 검토한다.

· 축적된 각 영업사원의 목표 수치

· 과거의 수주율 등의 경향치

· 직감

　영업사원의 목표 수치를 축적하는 일은 어느 매니지먼트에서도 당연하게 하고 있지만, 그것만으로는 정확한 포캐스트를 실현할 수 없다. 과거 경향치 등의 데이터를 모아 분석하면 정밀도를 올릴 수 있다.

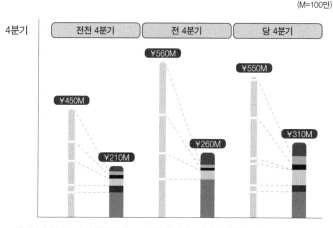

· 각 4분기의 같은 타이밍(첫 달의 10일 등)의 파이프라인과 최종 수치를 비교한다
· 상담 단계별로 분류해서 어느 단계에서 어느 정도 수주하는지 경향을 안다

〈 파이프라인과 최종 수치의 스냅숏 〉

　과거의 경향을 4분기 단위로 분석한 리포트의 일례를 보자. 4분기 단위로 포캐스트를 실시하는데 오늘이 그 4분기에 들어간 지 10일째라고 하자. 위의 그림에서는 가는 그래프와 굵은 그래프가 2개

씩 1세트로 되어 있다. 왼쪽의 가는 그래프는 각각 과거 분기의 같은 타이밍(10일째)의 파이프라인 합계를 단계별로 분해한 것이다. 한편 우측의 굵은 그래프는 각 분기 말에 나온 수치를 단계별로 분해한 것이다.

기존의 SFA는 이런 리포트 기능을 가지고 있지 않은 경우가 많아 스프레드시트로 추출해서 스냅숏을 관리하는 등의 번거로움이 있었으나 최근에는 세일즈텍Sales Tech이라 불리는 영업 관련 테크놀로지가 발달하면서 이런 것을 표준 기능으로 제공하는 툴도 등장하고 있다. 이렇게 스냅숏 데이터를 가지고 있으면 영업이 일관된 기준으로 단계를 등록해서 상당히 정밀하게 포캐스트가 가능해진다. 또 초기에 존재하지 않는 파이프라인(분기 중에 만들어져서 분기 중에 수주하는 단기간의 상담) 경향도 파악할 수 있으므로 트랜잭션 비즈니스에서도 포캐스트의 정밀도를 높이는 데에 도움이 된다.

축적된 각 영업사원의 목표 수치와 전체의 경향치를 조합하면 거의 문제가 없지만, 의외로 무시할 수 없는 것이 직감이다. 직감은 어림짐작으로 요행수를 바라는 것과는 다르다. 실제로는 기억에 있는 것과 없는 것을 포함해서 과거의 경험을 통해 어떤 패턴이 괜찮은지, 어떤 것이 위험한지 판단한다. 즉, 무의식적으로 과거의 데이터를 머릿속에서 정리하고 있는 AI와 같다고 할 수 있다.

포캐스트 미팅에서 처음으로 하는 질문

나는 포캐스트 미팅을 처음 할 때 영업 담당이나 매니지먼트에게 "그 포캐스트는 몇 %정도 자신이 있는가?"라고 질문하고 있다. 일단 100%라고 하는 사람은 없다. 대답은 대개 다음 세 가지 패턴으로 나뉜다.

1 "80%."
2 "50%."
3 "상당한 도전이 되겠지만, 이 수치를 해내겠습니다."

이 질문을 하면 포캐스트의 근거가 보인다. 80%라고 하는 사람은 대략 수치의 구성이 되어 있을 것이므로, 어느 상담을 계산에 넣고 있고, 리스크가 있다면 어느 상담인지 확인하고, 그 판단이 틀리지 않은지 다른 각도에서 리스크는 생각할 수 없는지 검토한다. 또한 이 대답을 했을 경우에는 포캐스트를 웃도는 도전적인 목표Strech Goal를 설정하면 높은 성과로 이끌 가능성이 있다.

50%라는 대답에는 여러 가지 패턴이 있다. 걱정이 많은 사람이나 위험을 회피할 목적으로 50%라고 하는 사람도 있고, 파이프라인은 충분하지만 열쇠가 되는 상담이 5:5의 가능성만 있어서 위로든 아래로든 흔들릴 가능성이 있다고 하는 경우 등이다. 이 패턴의 포캐스트에서는 어느 쪽으로도 흔들릴 가능성이 반반인 상담에 대해 빠른 타이밍에 상담 리뷰를 넣는 등 각 관련 부서의 리소스를 집중시켜 확실성을 높여간다.

상당한 도전이 되겠지만 해내겠다는 의지를 보이는 타입은 원래 논리적인 구성에 서툴고 한방을 노리는 타입이거나 계속 성과가 오르지 않아 이대로는 곤란하다고 느끼고 있는 경우이다. 혹은 위기감을 넘어 혼란을 겪는 경우 등을 생각할 수 있다. 말하자면 근거가 없는 상태다.

이런 경우에 매니지먼트가 할 일은 파이프라인이나 각각의 상담을 냉정하게 리뷰하고, 자신이 생각하는 현실적인 포캐스트는 이렇다고 전달해야 한다. 그것이 목표를 크게 밑도는 숫자라 하더라도 현실감 있는 목표를 설정하고 그 수치를 일단 달성하도록 전달한다. 그것을 완수해서 성취감을 맛보면 그 영업사원의 일처리가 달라진다. 제대로 실행하면 성과가 돌아온다는 반복적인 경험이 기본이나 원리 원칙을 지키려고 하는 의식으로 연결된다.

영업 부서 전체에서 어느 층에서든 "80%"라고 대답하는 사람이 많다면 그만큼 편하겠지만 대개는 영업 단위, 부서 단위로 편차가 있다. 조직의 상위 매니지먼트 일은 팀 내, 부서 내에서 서로의 리스크를 보완하면서 최종적으로 회사 전체의 목표를 달성하는 팀플레이 의식을 조직 전체에 심는 것이다. 자신의 포캐스트 수치밖에 모르는 영업 부서는 계속 좋은 성과를 낼 수 없고 강한 영업조직이 될 수 없다.

영업 개개인의 특성을 안다

각 영업의 포캐스트 합계=팀의 포캐스트가 되면 단순하지만, 그렇게 되지 않는다. 영업에는 보수적인 타입도 있고 공격적인 타입도 있다. 아무리 기준을 명문화해도 완벽하게 통일하는 것은 현실적이지 않다. 같은 상담을 봐도 사람마다 판단이 다르고, 애초에 누구의 판단이 맞는지는 아무도 모른다.

많은 회사에서 "영업 담당이 얼마나 제대로 입력하는가? 영업 단계나 확실성을 표준화할 수 있는가?"라는 이야기가 나오지만 결국 우리 회사에서는 어렵다고 포기하는 경우가 많을 것이다. 가이드라인의 설정은 중요하지만 각기 다른 특성을 지닌 영업을 표준화하려고 하지 말고 매니지먼트가 영업 개개인의 성격이나 버릇을 이해하고 조절해나가는 것이 훨씬 현실적이다.

성실하게 자료를 갱신하는 사람, 흐리터분한 사람, 몹시 성미가 강한 사람, 리스크를 외면하고 싶어 하는 사람, 고객이 바빠서 연락이 되지 않는다는 식으로 상대에게 책임을 돌리는 성향이 눈에 띄는 사람, 글짓기를 잘하는 사람, 수주 실패를 늘 남 탓으로 돌리는 사람, 솔직히 수주하기 어려울 것 같다고 미리 보고를 올려두고 성공하는 경우가 많은 사람, 반대로 가능할 것 같다고 긍정적 보고를 해놓고 리스크가 생겼다고 하는 경우가 많은 사람, 고객과의 미팅에 동석해보면 서로 말이 맞지 않는 경우가 많은 사람, 미팅 종료 후에도 제대로 고객을 관리하고 정성껏 진행하는 사람 등 다양한 패턴이 있다.

몇 가지 구체적인 예를 들어보자. 상담을 자세히 기재하면 영업이 그만큼 상황을 잘 파악하고 있다는 자신감의 표현이라고 할 수 있다. 하지만 상세하게 기재하고 있어도 자신이 해야 할 여러일을 하고 있다는 것을 어필하거나 평상시 매니지먼트가 "이게 되어 있는가?"라고 확인하려는 내용을 앞질러 "이것은 되어 있습니다. 그러나 리스크가 있습니다"라고 쓰는 것은 자기 방어나 불안의 표현이다. 또, 돌다리도 두드려보고 건너는 식의 영업사원에게 지나치게 세세하게 확인을 하면 점점 보수적이 되어 결국 매니지먼트의 눈에 띄지 않게 금액을 작게 넣거나 단계를 낮게 넣게 된다.

경험상 보면, 모든 사람을 하나의 기준에 딱 맞추기는 힘들어도 개개인의 그 나름 일관성이 있다. 즉 각자의 버릇이나 사고방식을 이해하면 포캐스트의 정확성이나 현상 파악이 편해진다.

축적된 영업사원의 목표 수치를 단순한 스프레드시트의 합계치라고 생각하지 않고, 개개인의 개성을 이해한 심리 게임의 요소가 가미되어 있다고 생각하면 포캐스트 자체를 지적인 게임으로 즐길 수 있지 않을까?

내가 365일 빠뜨리지 않는 습관

내가 매니지먼트를 하면서 지금도 빠뜨리지 않고 매일 하는 습관은 상담의 모든 리스트를 위에서 아래까지 전부 보는 것이다. 이것은 365일 빠뜨린 적이 없다. 매일 몇 번씩 보다 보니 '6월 단계5의 금액이 줄고 있다. 상담의 단계가 5에서 4로 내려갔다. 뭐가 달라졌을까? 넥스트 스텝에 어제까지는 7/11에 본부장님께 보고라고 적혀 있었는데 7/15로 바뀌었다. 단지 예정이 빗나간 것인가? 뭔가 예상 외의 일이 일어났는가?'라는 식으로 사소한 변화에 민감해진다.

본래 시스템이 자동으로 파악해서 가르쳐주면 좋겠지만 나는 매일 상담의 화면을 보면 영업 개개인의 기분을 읽어내는 느낌이 들어서 고집스럽게 모든 안건을 눈으로 보고 있다.

보고 있는 항목은 간단하지만, 읽어낼 수 있는 정보는 많다. 아래에 나타낸 상담 리포트가 7월 1일 시점이라고 하면, 상담1은 상담 일수에 비해 단계 정체 일수는 6일로 짧고, 가장 최근에 진척이 있었음을 알 수 있다. 또 7월 20일에 이사회 결의가 예정되어 있어 벤더로도 선정되어 있으므로 계산에 들어갈 수 있다.

한편 상담2는 같은 단계로 약속된 상담이지만, 아직 경쟁사가 남아 있다. 본부장의 합의를 얻는 단계가 남아 있어 상담1보다 리스크가 크다. 게다가 상담 금액이 크기 때문에 부서 전체의 포캐스트를 확정하려면 이 상담을 정밀 조사해야 한다.

포캐스트					단계		
상담명	금액(¥)	수주 예정일	분류	경쟁사의 상황	상담 일수	정체 일수	넥스트 스텝
스테이지5							
상담1	7,500,000	7/25	Commit	벤더로 선정	105	6	7/20 이사회의에서결재 예정
상담2	25,000,000	7/15	Commit	경쟁사에 우세	149	60	7/13 본부장 설명후 합의를 얻으면 월말 이사회를 거쳐 발주
상담3	13,000,000	7/31	Commit	벤더로 선정	104	46	7/8 임원용 투자 대비 효과 설명 자료 작성 지원
상담4	4,000,000	7/15	Commit	경쟁사와 비슷	32	12	7/3 최종 가격 제시
스테이지4							
상담5	6,700,000	7/23	Upside	경쟁사와 비슷	215	49	7/10 임원용 최종 프레젠테이션(경쟁 3사)
상담6	4,500,000	7/31	Upside	경쟁사와 비슷	246	65	7/15 본부장 방문 약속 조정
스테이지3							
상담7	2,500,000	7/31	Commit	경쟁사 없음	4	4	7/20 타 부서로 수평 전개. 예상 승인 처리
스테이지2							
상담8	15,000,000	7/10	Pipeline	경쟁사에 열세	193	49	7/3 상대 담당자에게 연락 기다림
스테이지1							
상담9	3,500,000	7/31	Pipeline	경쟁사 없음	1	1	제품 데모
상담10	5,000,000	7/31	Pipeline	불명	87	87	약속 확정

〈 상담 리포트의 예(7월 1일 시점) 〉

상담3은 어째서 스테이지 5에 들어간 지 한 달 반이나 경과했는데 아직도 임원용 자료의 작성 지원이 끝나지 않았는가? 상담4는 경쟁사와 비슷함에도 Commit으로 되어 있으므로 영업담당이 단계의 정의를 이해하지 못하는지, 갱신 누락인지 상세히 확인하는 것이 좋다. 상담7은 다른 부서에 수평적으로 정보를 공유하고 경쟁사가 없게 되면 상당히 우위인 상황으로, 본래는 스테이지5의 상담이 아닐까 생각된다. 상담8은 이 상황에서 10일 후에 수주에 이르는 것은 생각하기 어려워 영업이 수주 예정일을 올바르게 갱신하고 있지 않다. 상담10은 넥스트 스텝이 과거의 일인데다가 87일이나 정체되어 있어 영업이 아무것도 관리하지 않다는 것이 불을 보듯 뻔하다.

내가 전체적으로 들여다본다는 이야기를 하면 대개 "그런 일을 하세요?"라며 놀란다. 이 방법이 모든 사람에게 적합하다고는 생각하지 않으므로 조금 더 좁혀서 확인하는 방법을 설명하겠다.

단계 정체 일수가 오래된 상담

상담 일수가 평균보다 길어도 단계 정체 일수가 짧으면 상담이 움직이고 있다는 의미이므로 단계 정체 일수를 확인하는 것이 좋다. 위험한 것은 상담 일수와 단계 정체 일수가 같다고 해놓은 상담이다. 아무것도 관리되고 있지 않거나 상담으로 진행되고 있지 않을 가능성이 크다.

넥스트 스텝의 날짜만 미루고 쓰고 있는 내용이 바뀌지 않는다

'10/9 마케팅 부장 방문'이라고 써놓았지만, 알고 보니 날짜만 뒤로 미루는 경우에는 상담을 조절하지 못하고 있음을 알 수 있다. 이런 경우는 기일까지 방문을 확정하지 못했을 때 어떤 액션을 취할 것인지 다음의 방책을 미리 생각하게 하자.

단계가 후퇴한 것

단계의 다운그레이드는 상시 있는 일이지만 예상외의 일이 일어났는지, 애초에 확인을 제대로 하지 않았는지 검증하기에 따라 영업에 대한 코칭이 바뀐다.

수주를 확실히 하는 8가지 질문

여기까지 우선 대략적으로 전체 모습을 파악하는 일 그리고 문제가 어디에 있는지를 확인하기 위한 방법을 설명했다. 마지막으로 개별 상담을 수주까지 연결시키기 위해 확인하는 핵심을 몇 가지 꼽아보겠다. 이런 질문을 영업사원에게 던지면 무엇이 걸림돌이 될 가능성이 있는지 보인다. 모든 것을 완벽하게 알고 이야기가 진행되는 일은 거의 없다. 무엇을 알고 있는지보다 무엇을 모르는지 밝히는 것이 중요하다.

넥스트 스텝은 무엇인가? 다음 약속은 언제인가? 확정되어 있지 않은 경우는 얼마나 기다리는가?

넥스트 스텝의 칸에 기재하는 것은 'ㅇ월 ㅇ일에 방문' 등의 행동 예정이 아니라 어느 단계에서 다음 단계로 진행하기 위해 필요한 것이다. 행동을 먼저 결정하는 것이 아니라 다음으로 진행하기 위해 무엇을 해야 하는지 발상하는 것은 영업 담당자에게 좋은 훈련이 된다. 또 약속이 쉽게 확정되지 않는다는 점 하나만 놓고 봐도, 무엇이 처리되면 약속이 확정되는지를 생각하지 않는 사람은 일을 오랫동안 질질 끈다. 사소한 일이라도 이유를 생각하는 버릇을 들이자.

이 회사는 무엇을 하는 회사인가? 이 회사 고객은 누구인가? 이 회사의 경쟁사는 어디인가?

상담에만 집중하는 영업은 이런 당연한 질문에 의외로 대답하지 못한다. 상대 회사에 대한 관심이 없는 한 좋은 제안을 할 수 없다.

사업 내용만이 아니라 고객의 고객이나 고객의 경쟁사를 알아두면 이해가 깊어진다.

의사결정의 키맨이 누구인가? 왜 그 사람이라고 판단하는가?

키맨이 누군지는 중요하지만 어째서 그 사람이라고 판단했는지 근거도 중요하다. 담당자가 그렇게 말하는 것만으로는 부족하다. 따라서 조직의 상하좌우, 여러 사람과 대화해본다. 또한 미팅 중의 대화 모습 등 여러 정보를 모아서 의사결정자와 그 사람에게 영향력이 있는 사람(의사결정자가 누구의 의견을 중요시하는지)을 이해한다.

직급에 관계없이 꼭 진행하고 싶다고 생각하는 사람이 있는가?

의사결정자나 예산을 파악하는 일, 이사회의 일정 확인 등이 이루어져도 애초에 '이 제안 내용을 진행하고 싶다'라고 생각하고 있는 사람이 그 회사 내부에 없으면 순조롭게 진행되는 듯하다가 막판에 멈추고 만다. 승인의 마지막 단계에서 임원이 "자네들은 정말로 성과를 낼 각오로 임하고 있는 건가?"라고 물었을 때 "네. 꼭 하겠습니다"라고 망설임 없이 단언해줄 사람이 있는가?

고객이 이번 분기에 발주하는 이유가 무엇인가?

그 회사의 프로젝트로서 언제까지 정식 승인을 받아 진행해야 하거나 혹은 제도나 법률의 변경에 대응해야 하는 명확한 이유가 있는가?

'그런 제품이나 서비스가 있으면 좋겠지만, 없어도 당장 곤란한 것은 아니다'라는 경우, 이 점을 뛰어넘기는 용이하지 않다. "언제까지 성과를 냅시다. 이를 위해 언제부터 시작합시다"라는 상담을 활용하거나, 고객에게 닥친 상황을 일깨우는 방식도 있지만 매번 재현하는 것은 현실적이지 않다. 그 경우는 고객에게 "언제까지 발주를 부탁하고 싶습니다"라고 솔직하게 전하는 것도 중요하다. 빠듯한 타이밍에 "부탁드립니다"라고 전했다가 고객에게 "그런 일이라면 더 빨리 말해주면 좋았을 텐데"라는 말을 들은 사례를 지금까지 산더미처럼 봐왔다.

예산을 갖고 있는 사람이 누구인가?

어느 부서의 예산을 쓰는 것인지 둔감한 영업 담당이 많다. 예산을 가진 사람이 가장 발언권이 센 법이다. 실제로 이용하는 부서와 예산을 가진 부서가 다른 경우가 있으므로 빠른 단계에서 확인하자.

고객의 기업문화는?

프로세스를 중시해 예외를 인정하지 않는 문화를 보이는 회사도 있고, 임시로 경영회의를 열거나 경영진끼리 바로 대화해주는 속도가 빠른 회사도 있다. 전자의 경우는 프로세스 후반의 수주 타이밍에 리스크가 커진다.

만약 아무것도 하지 않는다면

비즈니스 스쿨에서 공부할 때, 큰 투자를 결단해야 한다면 'Do Nothing'도 훌륭한 선택지라는 것을 배웠다. 가설 상태로 도입 효과를 정밀하게 시뮬레이션하려고 하기보다는 '아무것도 하지 않는다면 어떻게 될까?'를 생각하게 하는 편이 훨씬 효과적이다. 고객은 아무것도 하지 않은 경우를 예상하고 있는가?

[영업조직 DNA]

영업 부서의 DNA를 만들기 위해 내가 팀원들에게 반복해서 전해온 것을 소개하겠다.

성장을 위한 성장은 하지 않는다

성장은 고객에게 지속적으로 더 나은 서비스를 제공하기 위한 수단이지 목적은 아니다. 영업중심의 문화에는 수치를 미리 정해놓은 강압적인 영업 방식이 조직에 나타난다. 성장이라는 수단이 목적으로 바뀌어서는 안 된다.

만약 한 달 전으로 돌아갈 수 있다면

수주에 실패했을 때 이 질문에 진지하게 몰입하면 실패한 만큼 실력이 늘어난다. 일류가 되고 싶다고 생각한다면 실패나 싫은 일을 외면해서는 안 된다.

수주에 실패했을 때야말로 회사의 품격이 드러난다

매니지먼트를 막 시작했을 무렵, 수주 실패가 명백해진 상담에서 얼굴에 동요가 드러나 고객에게 위로받은 적이 있다. 고객이 시간을 들여서 한 의사결정을 존중하고 수주에 실패했을 때야말로 깔끔하게 마무리해야 한다.

속도감 있는 영업이란?

영업의 속도감이란 반응이 빠르다, 스스로 제안을 가져
온다, 그 다음에 검토할 것을 보여 준다는 뜻이다. 속도감
이 없는 영업은 전부 이 반대다. 속도감 있게 고객이 원하
는 영업을 보여주어야 한다.

분기 초의 하루와 분기 말의 하루는 같은 24시간

분기 말이 되면 황급히 고객을 방문해서 마지막 부탁을
하는 영업이 많은데, 분기 초라면 다양한 선택지가 있다.
그렇게 생각하면 분기 초의 하루가 얼마나 소중한지 실감
할 수 있을 것이다.

제 10 장

커스터머 석세스

커스터머 석세스는 회사의 문화

———

최근 몇 년 사이 커스터머 석세스에 대한 관심이 높아지고 있다. 특히 SaaS로 대표되는 서브스크립션(Subscription, 정기구독) 모델의 기업에서는 당연한 것처럼 커스터머 석세스 팀이 놓이게 되었다. 지금까지 소프트웨어 업계는 '판매형 모델'이었기 때문에 판매까지는 열심이지만 구매한 후에는 연락이 없어진다. 기업과 고객의 관계는 대부분 그런 것이었다. SaaS 모델이 되면 벤더 측은 매년 계약 갱신을 받지 않으면 수지가 맞지 않는다. 한편 유저 측도 도입한 다음부터는 제대로 성과를 내고 싶다. 커스터머 석세스는 양쪽의 이해가 일치하는 곳에 생긴 부서라는 점이 획기적이었고 경쟁사와 차별화로 이어졌다.

제품이나 서비스 도입 후에 커스터머 석세스가 중요하다는 것에 의문의 여지는 없다. 그러나 "귀사의 커스터머 석세스 부서는 어떤 역할을 합니까?"라고 물으면 본래 기존 고객을 담당하는 영업과의 차이를 알 수 없다는 경우도 보인다. 자사의 비즈니스에서 '무엇이 커스터머 석세스인가?'를 따져서 생각해야 한다.

커스터머 석세스의 스테이지 설계

단순히 구매 후에도 고객을 관리하기만 한다면, 기존 고객을 담당하는 영업이나 고객 지원과 차이가 없다. 앞서 마케팅이나 영업을 다루는 장에서 설명했듯이 고객의 성공이라는 스테이지를 정의

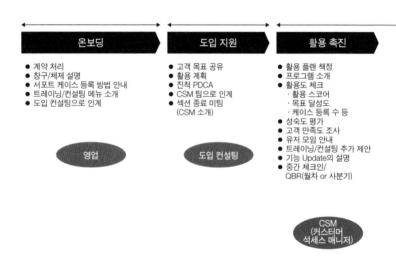

〈 계약 후 프로세스와 활동 내용. 계약 후에는 다양한 부서가 얽힌다.
누락을 방지하기 위해 누가, 언제, 무엇을 할지 명확히 한다. 〉

하고 지금 고객이 어느 스테이지에 있는지를 계측, 판정해서 어떤 스테이지 변천으로 이끌어갈지를 생각해야 한다.

예를 들어 회계 시스템이나 경비 정산, 생산 관리와 같은 백오피스 유형의 업무라면 시스템이 문제없이 가동하는 것에 가치가 있다. 애초에 일상 업무에서 사용할 수밖에 없는 구조이므로 활용이 진행되지 않는 문제는 일어나기 어렵다. 또한 한 번 시스템을 사용하기 시작하면 어지간한 일이 없는 한 일부러 정기적으로 경쟁사와 비교해서 환승을 검토할 일도 없을 것이다. 그러나 SFA나 MA와 같은 툴은 없어도 업무가 멈추지 않으며, 기업에 의해서 다양한 이용 용도가 예상되므로 활용 촉진이 중요해진다.

위의 그림은 계약 후에 어떤 업무 프로세스가 존재하는지 나타낸 것이다. 계약 후에는 우선 온보딩이라고 불리는 프로세스가 존재한다. 어떠한 서비스든 고객이 되어 처음 한 체험이 그 후의 방향성을 결정한다. 특히 고객의 리텐션(Retention, 잔존율, 재방문율)이 비즈니스의 성패에 직결되는 SaaS와 같은 서브스크립션 모델에서는

처음 고객이 안심하고 서비스를 이용할 수 있는 환경이 조성되어야 한다. 그래서 창구나 체제의 설명, 서포트에 문의하는 방법의 가이드, 트레이닝이나 컨설턴트의 메뉴 소개, 담당자에게 인계 등을 성실하게 실시한다.

그 후 도입 지원, 활용 촉진, 계약 갱신 등 프로세스 진행에 따라 주 담당자는 바뀌지만, 각각의 프로세스가 분단되지 않도록 관련 부서가 하나가 되어 고객을 지원해나간다. 이런 전체의 총칭이 커스터머 석세스이다. 이번 장에서는 마케토의 예도 들어가면서 어떻게 고객이 서비스를 활용하게 할 것인지를 목적으로 한 커스터머 석세스 조직에 대해 소개한다.

고객의 활용 성숙도를 측정하는 성숙도 곡선

마케토에서는 성숙도 곡선Maturity Curve이라고 불리는 4개의 스테이지로 고객의 활용 성숙도를 측정하고 있다. 다음에 나올 그림은 그것을 정리한 것이다.

마케토가 제공하는 것은 마케팅 자동화를 가능하게 하는 제품군이다. 고객은 마케토의 툴을 도입해 자사의 데이터를 올려놓고 업무를 돌려 다양한 마케팅 시책을 전개할 수 있다. 고도의 사용법을 쓰는 기업일수록 성숙도가 높다고 간주되는데, 4개의 스테이지 어디에 그 고객이 있는지는 시스템의 이용 상황에서 자동적으로 판단되는 활용 스코어와 실제로 고객과 접점이 있는 커스터머 석세스 담당자의 주관을 더해 결정한다.

[레벨1]
특정한 시점,
단일 채널의 캠페인 실시

[레벨2]
개인 맞춤형,
자동화된 캠페인 실시

전략

- 고객 니즈의 대응
- 주로 메일만을 이용하고 일정 수의 이벤트를 실시
- 한정적인 리포트도 이용

- 리드의 획득과 육성을 강화
- 어느 캠페인이 제대로 기능하는지 검토하고, 효과적인 시책을 확인
- 단일 채널 내에서 자동화를 개시
- 캠페인 효과를 평가, 분석

비즈니스

- 단기 목표와 목적
- 한정적 팀 제휴
- 그때그때의 프로세스
- 단독 툴
- 수동으로 전략상의 의사결정

- 1년간의 목표와 목적
- 기능 횡단적인 제휴
- 재현성이 높은 프로세스
- 고도의 툴 통합
- 합의된 지표와 KPI

[레벨3]
확장형 및 전략적인
인게이지먼트를 실시

[레벨4]
멀티채널에서 오랜 기간에 걸친
인게이지먼트를 실시

- 조직이 제휴해서 타깃팅과 개인 맞춤형을 지원
- 고객/유망 고객과의 커뮤니케이션은 채널 전체로 자동화
- 리포트로 프로그램 효과를 측정
- 마케팅 프로그램에 대한 수익 분석은 단편적

- 조직 전체로 전략적 플래닝을 실시
- 고객의 라이프 사이클 전체에서 개인 맞춤형 커뮤니케이션을 실시
- 고객/유망 고객의 니즈나 요망에 즉각 대응
- 프로그램의 목적과 마케팅에 따른 수익의 성과에 대해 명확히 이해하게 된다

- 다년간에 걸친 목적
- 다수 부서 간 제휴
- 확장성이 있는 사업 횡단적인 프로세스
- 고기능 툴의 통합
- 효과를 기초로 한 공동적 의사결정

- 회사 전체적으로 다년간에 걸친 목적
- 글로벌 제휴
- 글로벌 통합된 툴
- 예측적, 전략적인 인사이트

〈 성숙도 곡선의 예시. 제품, 서비스의 성숙도를 평가한다 〉

레벨1에서는 우선 심플하게 메일을 활용한 단일 채널의 캠페인부터 시작한다. 지금까지는 특별히 고객을 세분하지 않고 일괄 전송하는 메일 마케팅밖에 실시하지 않았던 기업에서 갑자기 이것저

것 욕심을 내는 것은 큰 부하가 걸리므로, 웹사이트의 트래킹에 의한 고객 데이터의 수집, 기본적인 세분화에 의한 메일 전송부터 시작한다. 이른바 마케팅 기초편에 도전하는 스테이지다.

레벨2로 이행하면 리드의 획득부터 육성의 단계를 의식해서 착수하기 시작한다. 속성에 따라 세분화한 전송부터 행동 데이터를 기초로 한 캠페인을 실시해 개인 맞춤형의 레벨을 높여간다. 이에 따라 레벨1보다 육성 스테이지의 전환을 높여간다.

레벨3에서는 단일 채널에서 복수 채널의 활용으로 확대해나간다. 여기에서는 채널의 다양화뿐 아니라 받아들이는 고객 데이터를 늘리는 관점에서 기업 내 다른 시스템과 제휴한다. 데이터를 연결해서 각각의 마케팅 시책이 실제 매출로 이어지는지 등 효과를 측정하는 것도 레벨3의 특징이다.

최근 일본에서도 조금씩 레벨4에 도달하는 기업이 늘어난 듯하다. 이것은 레벨3 수준의 시책을 전 회사 차원 혹은 글로벌하게 전개하는 가장 성숙도 높은 스테이지다. 그야말로 상담을 만드는 데에 머무르지 않고 기존 고객의 리텐션 비율 등 커스터머 석세스까지 넓혀 고객의 라이프 사이클 전체에서 활용하는 레벨이다. 이렇게 전 회사 차원의 움직임으로 확산되면 마케팅 자동화는 수익 모델의 프로세스 전체를 지탱하게 되는 기간 시스템의 자리에 오른다는 것을 이해할 수 있을 것이다.

고객의 헬스 체크

고객이 성숙도 곡선의 어느 단계에 있는지는, 이용 상황의 데이터만이 아니라 실제로 고객과 접하고 있는 컨설턴트나 커스터머 석세스 매니저(CSM)의 판단도 가미해서 고객과 의식을 맞춘다. 이런 데이터와 주관, 온라인과 오프라인을 결합한 분석은 고객의 헬스 체크(고객 상태 점검. 즉 고객의 서비스 이용 상황을 체크해서 고객이 서비스를 계속 이용해줄 것인지 확인하는 일-옮긴이)에도 활용할 수 있다. 다음 페이지에 고객 헬스 체크 시트의 예를 제시했다.

이 시트는 헬스 체크의 데이터 카테고리를 4개로 나누고 있다. 비즈니스 잠재력은 자사 서비스의 계약 금액, 연간 매출액, 직원 수 등 기본적인 기업정보에 더해 성장기업, 마케팅 예산이 증가하고 있는 기업, 해외전개에 적극적인 기업, 수익기업 등 외부의 기업 데이터베이스 정보도 조합해서 앞으로 확대할 여지가 있는 기업을 찾기 위한 지표다.

커스터머 석세스 부서에서 어느 고객을 관리할지 결정할 때 단순히 현재의 계약 금액이나 기업 규모만으로 우선순위를 매기면 본래 관리해야 할 회사가 빠지고 만다. 예를 들어 대기업으로 훗날 확장될 여지는 크지만 현재는 부서의 시험 이용으로 계약 금액이 적은 기업, 스타트업으로 급성장하고 있는 기업 등이다.

비즈니스 잠재력		제품 활용도	
● 계약 금액	-엔	● 활용 스코어	-점
● 연간 매출액	-엔	● 갱신 리스크	녹/황/적
● 직원 수	-명	● 서포트 케이스 건수	-건
● 성장 기업	Yes/NO	● 서포트 창구 등록 수	-명
● 수익 기업	Yes/NO	● 운용 담당자 수	-명
● 활용 확대 여지	대/중/소	● 내부 목표 달성도	녹/황/적

잠재력 판정　대/중/소

〈 고객 헬스 체크 시트의 예 〉

　제품 활용도는 이용 데이터를 기초로 한 활용 스코어도 중요하
지만, 놓칠 수 없는 것은 고객 지원에 오는 문의 건수와 그 질이다.
기본적인 기능에 대한 문의가 여러 번 오거나 고객 측 운용 담당자
가 한 명밖에 없어 항상 부하가 걸린 모습이 느껴지는 경우는 적신
호다.

　한편 현장 담당자는 서비스에 만족하고 있지만 막상 경영진과
대화하면 전혀 효과를 실감하지 못하고 있는 경우도 있다. 원래의
도입 목적이 무엇인지 공유하고 분기마다 쿼털리 비즈니스 리뷰
(QBR)를 실시해서 올바르고 종합적으로 활용도를 판단해야 한다.

프로그램 활용도		고객과의 릴레이션 구축	
● 계약 직후 프로그램 소개	Yes/NO	● Top릴레이션	녹/황/적
컨설팅 ● 도입 지원 컨설팅	Yes/NO	● 담당자 릴레이션	녹/황/적
● 추가 컨설팅	Yes/NO	● 웹으로 기업 로고 게재	Yes/NO
● 활용 지원 세미나	Yes/NO	● 사례 등록	Yes/NO
트레이닝 ● 제품 기초 트레이닝	-명 수강	● 명함 획득 수(고객의)	-명
● 기능 활용 트레이닝	-명 수강	● 명함 제시 수(자사에서)	-명
● 자격 취득자	-명		
프로그램 무상 ● 오피스아워	Yes/NO		
● 성숙도 평가	Yes/NO		
● 활용 클리닉	Yes/NO		
커뮤니케이션 ● 유저 모임 참가	Yes/NO		
● 커뮤니티 사이트 등록	Yes/NO		
● 분과회 소속	Yes/NO		

갱신 리스크 판정 녹/황/적

　프로그램 활용도는 마케토가 제공하는 세미나와 트레이닝 등의 프로그램에 어느 정도 참여하고 있는지를 측정하는 것이다. 유상 컨설팅이나 트레이닝만이 아니라 정기적인 유저 모임 참여, 온라인 커뮤니티 게시물이 활발한 사람은 심리적 로열티도 높다고 판단할 수 있다.

　마지막으로 빼놓을 수 없는 것이 고객과의 릴레이션 구축이다. B2B에서 헬스 체크의 어려움은 상대가 개인이 아닌 기업이라는 것이다. 관계자가 다수 존재하면 어떤 사람은 매우 만족하지만 다른 멤버는 불만이 생기는 일이 당연히 일어날 수 있다.

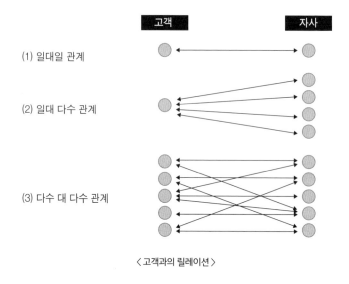

< 고객과의 릴레이션 >

　위의 그림에서 양쪽이 일대일의 관계인 경우는 당연히 안 되는
것이다. 그리고 두 번째 예에서 보듯 의외로 많은 패턴이 자사는 영
업, 마케팅, 컨설턴트, 서포트 등 여러 부서에서 대응하고 있지만
고객 측의 등장인물이 적은 경우다. 기업 대 기업의 관계를 만들려
면 이것으로는 약하다. 고객 릴레이션의 그림 중 다수 대 다수의 관
계를 구축하고 있는지 확인해야 하고 특히 중요 어카운트에 대해
서는 정기적으로 체크해야 한다.

유저 커뮤니티의 중요성

지금까지 고객이 스테이지를 이행해나가는 프로세스에 대해 설명했는데, 이러한 이행의 이상적인 종착점은 로열 고객이라는 직선적인 모델이 아니라 로열 고객에서 다시 인지 확대로 연결되는 루프형이다. 그러나 직선적인 모델의 시작점과 종점을 연결하면 루프가 되느냐면, 그렇게 단순한 이야기가 되지는 않는다. 순환을 창출하기 위해서는 몇 개의 구조와 그곳에 관련되는 사람들이 필요하다.

마케토에서 이 중요한 역할을 맡고 있는 것이 유저 모임의 존재다. 일본 법인이 스타트한 것은 2014년 6월인데, 그 시점에서 글로벌 기업의 일본법인 50사 가까이가 마케토 제품을 이용하고 있었다. 이런 유저 기업은 모두 일본 법인이 생기는 것을 고대하고 있었다. 이야기를 들어 보니 미국 본사와 계약해서 사용하고는 있었지만, 일본어의 트레이닝이나 서포트가 없어서 이용이 쉽지 않았다고 한다. 일본 법인에서 체결한 계약이 아니니 상관할 바가 아니라면서 그대로 간과한다면 앞으로 성장의 큰 족쇄가 된다. 그렇다고 해도 당시 마케토 일본 법인의 사원은 한 손으로 꼽을 만한 인원수밖에 없어서 체제가 정돈되어 있지 않았다. 그래서 고객이 서로 도울 수 있는 커뮤니티로 유저 모임을 만드는 것부터 시작했다.

3개월 후인 8월에 제1회 국내 유저 모임이 발족해 50명이 넘는 유저가 참가해주었다. 그 해 12월에는 일본 계약의 유저 기업도 증가해서 100명이 넘는 참가자가 생겼다. 지금은 매번 수백 명이 참여하는 거대한 커뮤니티로 성장하고 있다.

마케토의 유저 모임은 유저 대 벤더가 아니라 유저 중심의 모임이다. 이 커뮤니티에서 활약하고 있는 사람들이 대변자가 되어 우리 제품을 세상에 알려준다면 그보다 더 훌륭한 마케팅 활동은 없을 것이다.

커스터머 석세스에 적합한 인재란?

———

커스터머 석세스라는 개념은 아직 새롭기 때문에 어느 기업이든 어떤 인재에게 맡겨야 할지 고민할 것이다. 내 개인적인 의견이지만, 몇몇 기업의 커스터머 석세스 도입을 보고 다음과 같은 포인트가 중요하다고 생각하게 되었다.

활용 지원과 계약 갱신의 리소스는 나누어 생각한다

커스터머 석세스라고 하면 '활용 지원'이나 '유저에게 사랑받기 위해'라는 이미지가 강할 것이다. 그러나 서브스크립션 모델에서 계약 갱신을 목적으로 한다면 겉치레만 좋아서는 안 된다. 갱신 시의 가격 교섭, 문제가 생겼을 때의 트러블 대응 등 일은 산더미처럼 있다. 활용 지원과 계약 갱신의 양쪽 모두를 잘 해낼 수 있는 사람은 거의 없다. 애초에 요구되는 인재도 그 기술도 다르다. 자사의 사업에서 커스터머 석세스에 어떤 역할이 필요한지를 정리하고 그에 맞는 프로파일의 사람을 할당해야 한다.

사내 허브가 될 수 있는 사람이 성공한다

지금까지는 영업 담당이 사내의 모든 리소스를 모으는 중심 역할이었다. 그러나 그 역할은 이제 커스터머 석세스에게 넘어가고 있다. 지금까지 해온 프리세일즈/포스트세일즈라는 구분이 아니라 영업, 컨설턴트, 고객 지원은 물론 마케팅, 제품개발에 대한 피드백에 이르기까지 사내의 거의 모든 부서와 커뮤니케이션을 해야 한다. "내 역할은 여기까지"라고 한정하는 타입이나 주위 사람을 끌어들이지 않고 혼자서 해결하려는 사람에게는 적합하지 않은 일이다.

고객에게 가르치는 것이 아니라 고객에게 배우는 사람

활용 지원은 어떻게 사용해야 할지 헤매는 유저를 지도해야 하는 일이다. 가르침을 청하는 일이 많기 때문에 점점 자신이 선생님처럼 알려주겠다는 자세가 될 수도 있다. 그러나 이는 위험한 조짐이다.

혁신적인 제품·서비스라고 해도 어느 시점에서 고객은 점차 배우며 성장한다. 따라서 자신이 성장하지 않으면 순식간에 고객에게 추월당한다. 커스터머 석세스에게는 자신이 알고 있는 것을 가르치는 것이 아니라 고객에게 배우면서 자신을 발전시키려는 마음이 필요하다.

커스터머 석세스와 영업이 융합되는 시대로

———

이제부터는 커스터머 석세스와 영업이 융합될 것이다. 이미 SaaS 업계에서는 그 징후가 보이고 있다. 지금까지와는 다른 과금 체계인 이용량에 따른 과금 모델이 증가해왔기 때문이다.

지금까지는 서비스 유저 수나 데이터베이스 사용량을 미리 정해서 계약하는 것이 일반적이었다. 그 범위 내라면 실제로 사용하든 사용하지 않든 과금하는 모델이다.

그러나 이용량에 따른 과금은 계약 시에 요금이 확정되지 않는다. 즉 애써 신규계약을 해도 사용되지 않으면 매출로 이어지지 않는다. 앞으로는 신규 계약을 획득하는 일의 중요성은 희미해지고, 중장기적인 이용·확대로 연결할 수 있는 능력을 지닌 인재가 핵심적인 존재로 더욱 필요한 시대가 될 것이다. 결국에는 커스터머 석세스와 영업의 거리가 좁혀져 점차 융합해나가게 된다.

커스터머 석세스의 평가 지표

———

마지막으로 커스터머 석세스의 실적 평가에 대해 살펴보자. 다음 지표가 일반적으로 사용되고 있는 것이다.

· 갱신해야 할 총 계약 금액
· 실제로 계약 갱신한 금액

· 갱신해야 할 총 계약 건수

· 실제로 계약 갱신한 건수

· 해지율

· 활용 스코어 등 고객의 정착을 측정하는 지표

· 헬스 체크의 스코어

· 업셀/크로스셀

· NPS(Net Promoter Score, 순수 추천고객 지수)

여기에서는 각 지표에 대한 설명은 하지 않지만, 몇 가지 주의할 점을 들어 두겠다. 먼저 해지율Churn은 커스터머 석세스가 가장 의식해야 할 지표이지만 해지에는 여러 가지 이유가 있다. 과도한 기대치 설정 등 자사 영업에 문제가 있을 수 있고, 고객 측의 조직 변경이나 실적 부진 등 양측 모두에 다양한 이유가 존재한다.

이 때문에 커스터머 석세스의 실적 평가를 계약 갱신율에 대한 달성도로 연동하려고 하면 불공평한 느낌이 생긴다. 자신들이 어쩔 수 없는 일이 비일비재하기 때문이다. 회사가 목표로 해야 할 계약 갱신율을 설정하면서 MBO(Management By Objectives, 목표에 의한 관리)나 OKR(Objectives and Key Results, 목표와 핵심 결과 지표)과 같은 별도의 목표를 설정하는 것이 바람직하다.

업셀과 크로스셀에 대해서도 커스터머 석세스의 매출 공헌을 측정하는 기준으로 하는 것은 좋지만, 정말로 커스터머 석세스 담당자가 공헌했는지 영업 담당자가 공헌했는지 판단하기가 어렵다.

실적과 급여가 연동하는 경우에는 부서 간 분쟁의 씨앗이 될 수

도 있다. 인사이드 세일즈의 장에서도 설명한 바와 같이 부서 간에
걸쳐 있는 지표에 대해서는 각 부서가 충분히 주의를 기울여 보수
구조를 설계해야 한다.

The Model

제 4 부

세가지
기본 전략

제 11 장
시장 전략

액셀을 밟아야 할 때

———

마케토의 사장 취임이 결정된 다음, 나는 몇몇의 기업가와 외국계 일본법인 사장을 지낸 사람들에게 이야기를 들으러 갔다. 그때 받은 조언 중 가장 인상적인 것은 "액셀을 지나치게 밟아서 실패한 기업보다 액셀을 밟아야 할 때 밟지 않은 채 실패한 기업이 압도적으로 많다"라는 말이었다.

이 이야기를 여러 사람에게 했더니 "역시 이익은 생각하지 말고, 처음에는 열심히 액셀을 밟아야겠군요"라고 해석하는 사람이 많았다. 하지만 액셀을 밟는다는 것은 단순히 채용을 대량으로 하거나 이벤트나 광고, 마케팅에 투자하라는 말이 아니다. 전략을 정해서 실행 속도를 올리라는 것이지 호기 있게 돈을 쓰면 된다는 이야기가 아니다.

특히 SaaS 사업에 종사하는 사람들은 현재의 투자는 미래에 대한 선행 투자이며, 매출 성장이 중요하다며 편리한 점만을 들어 경영 전체를 생각하지 않고 무모하게 액셀을 밟는 사람이 많은 듯하다. 같은 SaaS 사업이라도 경쟁이 없는 새로운 시장이라면 선행자 이익을 얻을 수 있으므로 채산은 무시하고 시장 점유율을 차지하는 일로 큰 리턴을 기대할 수 있다. 반면에 원래 잠재시장이 작은 틈새 시장이라면 처음부터 이익률을 의식하지 않으면 설령 시장을 전부 잡았다고 해도 리턴을 얻을 수 없다. 잠재시장의 규모, 획득 가능한 시장 점유율, 경쟁사 등 다양한 요인을 고려해서 중장기적인 성장 전략을 그려야 한다.

제3부에서는 마케팅에서 커스터머 석세스에 이르는, 매출을 만들어내는 과정을 설명했다. 제4부에서는 그것을 근거로 CRO가 프로세스를 기능하게 해서 비즈니스를 성장시키기 위해 중요한 다음의 3가지 점에 초점을 맞추려고 한다.

1. 시장 전략: Go-to-Market Plan은 마케팅이나 영업 등 모든 것을 통합한 시장 개척 전략, 고객 획득 전략이라고 번역되는 경우가 많다. 이 책에서는 시장 전략이라고 표기한다.
2. 리소스 매니지먼트: 그 전략을 실행하기 위해 사람이나 리소스를 어떻게 할당해야 하는가?
3. 성과 매니지먼트: 목표에 이르는 상태를 어떠한 지표로 측정해야 하는가?

모든 회사에 들어맞게 설명하기는 어렵기 때문에 이후는 마케토 일본 법인의 설립을 예로 들어 설명하고자 한다.

매출 목표에는 몇 갈래의 길이 있다

———

예를 들어 '연간 매출 100억 엔'을 목표로 설정했다고 하자. 200개사에서 5,000만 엔씩 매출을 올리는 비즈니스와 5,000개사에서 200만 엔씩 매출을 올리는 비즈니스는 해야 할 일이 전혀 다르다. 대기업 시장과 중소기업 시장을 어떻게 공략해야 할까?

마케토 일본 법인의 비즈니스를 시작하면서 나는 이 중간 지점을 따지기로 결정했다. SaaS는 서브스크립션 모델이므로 연간 5,000만 엔은 고가격대이다. 대기업용으로 가격을 올리면 이익률이 좋아 보이지만 경쟁사로부터 큰손 고객을 몇 건 빼앗기면 단번에 경영 기반이 무너질 리스크가 있다. 또 가격이 고가일수록 수주까지 긴 사이클이 걸려 비즈니스의 시작이 늦어지게 된다.

한편 저가격은 폭넓은 기업에 판매하기 쉽고 수주까지의 사이클도 짧기 때문에 비즈니스의 시작이 빠르고 고객 수를 늘리는 것이 비교적 용이하다. 그래서 이 길을 택하는 기업도 많다. 그러나 신규 고객을 획득하는 속도는 시간이 지날수록 둔화되고 해지율은 높아진다. 그래서 성장을 유지하려고 고객 커버리지를 넓히려 하면 노동집약형에 빠지게 되는 단점이 생기게 된다.

나는 마케토의 경우 이런 것을 근거로 해서 대기업 시장과 중소기업 시장 양쪽 모두에 각각 균등하게 투자하는 전략을 채택하기로 했다.

선택과 집중이 아니라 분기 모델

이처럼 세분화된 각각의 시장에 골고루 투자하는 전략을 Bifurcation(분기) 모델이라고 부른다. 일반적으로는 성공의 법칙으로 '선택과 집중'이 언급된다. IT업계에서도 우선 대기업 시장에서 실적을 올린 뒤 중소기업 시장을 공략하거나 반대의 순서로 시장을 파악하는 회사가 많다. 경영 이론에서 생각하면 일단은 특정 시장에 집중해야 한다고 생각하는 사람이 많을 것이다. 리소스의 집중이라는 관점에서는 확실히 범위를 좁히는 것이 정답이지만, 세분화된 하나의 시장에 집중해서 기반을 다지고 난 뒤 다음 시장을 집중하는 일에도 리스크가 있다.

일단 세분화된 시장마다 경쟁사가 있기 때문에 선수를 치지 않으면 시장 점유율을 빼앗겨버린다. 하나의 시장을 굳히고 난 뒤에 가려고 했을 때는 이미 참가할 수 있는 기회가 없어질 가능성이 있다.

또 특정 시장에만 집중하면 시장에서 바라보는 이미지와 사내의 DNA가 굳어지고 만다. 대기업 시장에서 실적을 남기면 중소기업 시장에서는 '저것은 대기업용이라 우리는 쓸 수 없어'라고 생각하고, 중소기업 시장을 특화하면 대기업들은 '저것은 중소기업용이라서 우리 기업 규모에서는 쓸 수 없어'라고 생각한다.

	중소기업 시장	대기업 시장
시장 공략 이점	안정된 비즈니스 기반	업사이드를 노리는 성장 기반
시장의 선정과 상담 발굴	망을 넓게 펼친다	망을 펼치는 장소를 정한다
메시징	프로덕트 마케팅	리더십 사고
세일즈	Volume×Velocity(수와 회전율)	Value(금액과 가치)
	예산의 유무를 확인	예산을 만들어낸다
	클로징	컬래버레이션
	표준화	개별 커스터마이즈
서비스	리모트 활용에 의한 효율화	접촉 빈도를 높여 관계 심화
	온라인 트레이닝	현장에서의 개별 트레이닝
	커뮤니티 등 무료 리소스 제공	프리미엄 서포트
인재	규율, 운영(좌뇌형)	독창성, 컨설테이션(우뇌형)

〈 중소기업 시장과 대기업 시장의 차이 〉

　그리고 사내에서도 같은 일이 일어날 수 있다. 처음에 대기업 시장에서 실적을 남기면 그 시장을 담당하는 팀이 중심이 되어, 나중에 중소기업 시장을 담당하는 사람들은 아류 취급을 당하기 쉽다. 결과적으로 사내에서 갈등을 빚기도 하고 채용이 어려워지기도 한다.

　대기업 시장과 중소기업 시장은 운영부터 인재의 재능에 이르기까지 크게 다르다. 채용, 조직 구성, 기업의 브랜드 등 몇 년 앞을 내다보고 어떤 길을 가야할지 그려두면 성장 속도가 눈에 띄게 바뀔 것이다.

약자의 전략-다윗과 골리앗

———

　스포츠 경기와 달리 비즈니스 세계에서는 직접 경쟁사와 싸우지 않는다. 항상 고객을 제일로 생각하는 것은 말할 필요도 없지만, 시장에서 이기려면 경쟁에 대해 어떤 수단을 쓰는지도 역시 중요하다.

경영자 중에는 손자병법이나 란체스터 전략 등에 이끌려 경영에 활용하려는 사람이 많다. 나 역시 관련 서적을 읽고 비즈니스에 활용할 만한 힌트를 찾아왔다. 내 경력이 ERP, CRM, 클라우드, MA라는 각 시대에 아직 일반적으로 알려지지 않은 서비스를 다룬 것도 크다고 생각한다. 자사 서비스의 시작 단계에서는 항상 옛 세력이 거대한 존재였기 때문에 자연스럽게 소가 대를 쓰러뜨리기 위한 전략에 흥미를 품게 되었다. 예를 들어 손자(孫子)는 다음과 같이 말하고 있다.

승리를 알기 위해서는 다섯 가지가 있다.
[첫째로는] 싸워야 할 때와 싸워서는 안 될 때를 분별하고 있으면 이긴다.
[둘째로는] 군대의 많고 적음을 사용할 줄 알아야 이긴다.
[셋째로는] 위아래 사람들이 마음을 모아야 이긴다.
[넷째로는] 준비를 잘 끝내고 방심하고 있는 적에게 맞서면 이긴다.
[다섯째는] 장수가 유능하고 주군이 간섭하지 않으면 이긴다.
이 다섯 가지가 승리를 아는 길이다. 그래서 "적의 동정을 알고 아군의 사정을 알고 있으면 백 번 싸워도 위험이 없고, 적의 동정을 모르고 아군의 사정을 알면 이기거나 지는 것이고, 적의 동정을

모르고 아군의 사정도 모르면 싸울 때마다 반드시 위험하다"라고
한다.

또한 '란체스터 전략'도 같은 관점에서 약자와 강자가 각각 싸우
는 법을 설명하고 있다. 대기업에서 성공한 사람이 스타트업 등 작
은 기업으로 이직했을 때 실패하는 경우가 많은 것은 강자에서 약
자로 입장이 바뀐 것을 잊고, 강자의 전략을 약자의 입장에서 하려
고 하기 때문이다. 100명의 조직과 만 명의 조직이 같은 시장에 마
음먹고 뛰어들면 만 명의 조직이 물량으로 당연히 이긴다.

반대로 성장한 약자가 강자로서 두각을 나타냈을 때 더욱 성장
을 가속하기 위해서는 강자의 전략으로 전환해야 한다. 손자는 "군
대의 많고 적음을 사용할 줄 알아야 이긴다"라고 했는데, 이것을 할
수 있는 회사가 강하다.

오히려 역사는 반드시 물량으로 우세한 쪽이 승리하지 않음을 증
명하고 있다. IT업계는 신진대사가 치열한 업계 중 하나이다. 거대
한 플레이어가 틈새를 파고드는 플레이어에게 한 점이 뚫리면서
시장 점유율을 잃어가는 일이 반복되고 있다.

소가 대를 쓰러뜨리려면 한정된 리소스를 집중시킬 필요가 있다.
마케토에서는 대기업과 중소기업 양쪽 모두의 시장에 주력한다는
전략을 채택했지만 중소기업은 광대한 시장에서 커버할 수 있는
리소스가 애초에 부족하다. 그래서 마케팅 자동화의 니즈가 높은
성장기업, 일반적으로 확대되기 전에 활용해보자는 얼리어답터가

많이 존재하는 IT 스타트업들을 리스트업하고 그 시장의 획득에 집중했다. 그 결과 〈포브스〉지가 선정해서 2017년 발표한 일본의 '스타트업 오브 더 이어' 10개 기업 중 7개사가 마케토를 채택해서 '성장 기업이라면 마케토'라는 브랜드를 확립할 수 있었다.

오셀로에서 배우는 시장전략

———

일반적인 사람은 오셀로를 하면 이기고 지는 것을 반복하지만, 몇 번을 해도 압도적인 실력으로 이기는 사람이 있다. 이것은 즉흥적인 착상으로 수를 생각하는지 승리의 이론을 알고 있는지에 따라 차이가 난다.

보통은 오셀로 판의 모서리를 장악하면 이길 수 있다고 생각한다. 실제로 한 모서리를 잡으면 틀림없이 유리하지만, 반드시 이긴다고 단정할 수 없다. 또한 초반부터 자기 돌의 수를 많게 하고 싶어지는 법인데, 강한 사람은 초반 돌의 수보다 둘 수 있는 선택지를 늘리는 것을 의식한다. 초반에 돌을 지나치게 많이 잡으면 돌을 놓을 자리가 줄어들어 불리하게 전개되기 때문이다.

또 오셀로에서 잘 알려진 필승법에 서로 호수(好手)가 되는 자리를 먼저 잡는 방법이 있다. 이런 곳을 먼저 획득하면 상대적으로 2수를 얻게 되어 크게 전세가 바뀐다. 나는 이것을 내 식대로 해석해서 시장 획득 전략에도 적용하고 있다.

· 비즈니스 스쿨 등에서 가르치고 있는 경영 이론을 경시하지 않고 공부한다. 이론만으로 성공하는 것은 아니지만 이론을 알고 경영 판단을 하는 사람과 모르고 경영 판단을 하는 사람은 성공확률이 전혀 다르다.

· 출발세도 중요하지만 중장기적으로 승부를 생각한다. 대기업은 과거의 굴레 등에 의해서 둘 수 있는 선택지가 점차 좁아지는 데에 반해, 출발선상에 있는 기업의 입장에서 강점은 둘 수 있는 선택지가 많다는 점이다.

· 자사에서 먼저 잡아야 할 시장이나 고객은 놓치지 않기 위해 승부처에서 모든 리소스를 투입해 획득한다.

마케토를 예로 들면, 방금 언급한 IT 스타트업 기업군이 이런 필승법의 호수에 해당한다. 마케팅 자동화 시장의 경쟁사 중에 중소기업 시장에 특화된 기업이 다수 존재하는데, 그 경쟁사들보다 IT 스타트업 기업군을 먼저 고객으로 획득할 수 있다면 성장 중인 기업이 이용하는 브랜드라는 인식, 대기업만이 아니라 중소기업도 이용 가능하다는 대상 시장의 확대, 그리고 조기 매출까지 세 가지 이점을 얻을 수 있다.

이런 호수를 놓치게 되면 중소기업 시장 안에서도 IT 활용 능력이 낮은 기업의 도입 타이밍을 몇 년씩 기다려야 하거나, 대기업만을 타깃으로 승부를 봐야 하는 리스크를 안게 된다.

제 12 장

리소스 매니지먼트

매출을 어떻게 만드는가
————

경영은 의사결정의 연속이라고 하는데 그럼 여기서 말하는 의사 결정이란 무엇인가? 간략히 정의하자면 사람, 물건, 돈의 리소스를 어떻게 배분하는지 결정하는 것이라고 할 수 있다. 큰 방향성을 시장 전략으로 설정하면 그 다음은 구체적인 방향을 결정하기 위해 리소스 투자를 생각해야 한다. 내가 성장계획을 세울 때는 다음과 같은 순서대로 생각한다.

기업경영에서 이익이나 현금 흐름은 중요하지만 수주나 매출이 늘지 않는 한 이익도 현금도 생산되지 않는다. 매출-비용=이익이고, 이익+비용=매출이 되지 않는 것이다. 그러면 어떻게 매출을 만들 것인가? 우선은 사업을 인수분해하는 것부터 시작하자.

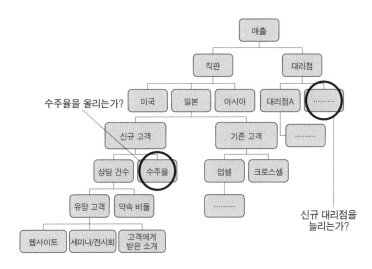

< 사업을 인수분해한다 >

예를 들어 맨 처음에 직판과 대리점으로 나눈다. 직판은 미국, 일본, 아시아 등 거점별로 나눌 수 있고, 대리점은 개별 대리점 단위로 볼 수도 있다. 또 각각의 매출은 신규 고객과 기존 고객으로 나누게 되고 신규 고객의 매출은 상담 건수×수주율이 된다. 게다가 상담 건수는 유망 고객×약속 비율 등으로 분해된다. 그리고 유망 고객은 웹, 세미나, 고객에게 받은 소개 등의 리드 소스로 분해된다. 나누는 방법은 여러 가지가 있지만 이와 같이 분해하면 어디에 주력해야 할지, 그것을 위해 지표로 무엇을 체크해야 하는지 명확해진다.

세일즈 생산 능력을 계산한다

매출 목표가 미달되는 큰 원인 중에 생산 능력 부족이 있다. 영업 1인당 연간 1억 엔의 판매가 예상되는 상품이라고 해도 영업사원이 10명밖에 없으면 20억 엔의 매출 목표를 세우는 것은 무모하고 비현실적이다. 그렇다고 단가 인상 등 생산성 향상만 생각해도 성장할 수 없다. 경쟁사가 물량 작전을 내세우면 당해낼 수 없기 때문이다.

제품이나 서비스가 EC(Electronic Commerce, 전자상거래)사이트를 경유해서 팔리는 것이 아닌 한 판매량은 세일즈 생산 능력과 연동한다. B2B 직판이라면 영업사원의 수, 대리점 경유라면 대리점 영업 인원수, 소비재라면 점포수 같은 것이 세일즈 생산 능력에 해당한다. 늘린다고 비례해서 매출이 오르는 것은 아니지만 매출 목표에 대해서 애당초 현실적인 세일즈 생산 능력을 가지고 있는지를 고려해야 한다.

대부분 우선 영업 인원 계획부터 시작하지만 의외로 고려되지 않는 것이 램프타임Ramp Time이나 목표 달성률 설정이다. 예를 들어 영업 1인당의 매출 목표가 월 1,000만 엔(연간 1억 2,000만 엔)이라고 하자. 영업사원이 5명 있는 경우, 전체적으로 연간 6억 엔의 매출에 상당하는 생산 능력을 가지게 된다. 하지만 실제로 모든 인원이 매출 목표를 달성하는 경우는 드물다. 목표를 달성할 수 있으면 얼핏 좋은 일로 보이지만, 전원이 목표를 쉽게 달성할 수 있다는 것은 조직 전체에서 보면 성과를 최대로 하는 도전적인 목표가 아니라고 할 수도 있다.

내가 지금까지의 경험으로 터득한 법칙이지만, 조직 전체의 달성률이 평균 80% 정도의 수준이라면 영업사원이 무모한 목표라고 생각하지 않고 달성하고자 하는 의욕이 생기는 범위가 아닌가 싶다. 다시 말해 회사가 목표로 하는 매출의 120% 생산 능력을 확보하면 된다. 이 예시에서는 6억 엔의 생산 능력이 있다고 하면, 매출 목표는 5억 엔 미만이 바람직하다.

그러면 다음 해에 배증한 10억 엔이 연간 매출 목표로 주어졌다고 하자. 이때 영업 인원도 배증하기만 하면 된다고 생각하는 것은 위험하다. 이 회사에 영업으로 입사한 후의 교육기간 등을 감안하면 신입사원이 제몫을 하는 데에 반년이 걸린다고 하자. 첫 두 달은 제로, 세 달째 25%, 네 달째 50%, 다섯 달째 75%, 여섯 달째 100%로 계산한다.

램프 타임의 Ramp는 경사로라는 의미로, 여기에서는 새롭게 들어간 영업이 최종적으로 100%의 능률을 발휘하게 될 때까지의 기간을 가리킨다.

영업 인원	연간목표금액(¥)	채용예정월	1월	2월	3월	4월	5월
영업1	120,000,000	기존사원	10,000,000	10,000,000	10,000,000	10,000,000	10,000,000
영업2	120,000,000	기존사원	10,000,000	10,000,000	10,000,000	10,000,000	10,000,000
영업3	120,000,000	기존사원	10,000,000	10,000,000	10,000,000	10,000,000	10,000,000
영업4	120,000,000	기존사원	10,000,000	10,000,000	10,000,000	10,000,000	10,000,000
영업5	120,000,000	기존사원	10,000,000	10,000,000	10,000,000	10,000,000	10,000,000
영업6	120,000,000	1월	-	-	2,500,000	5,000,000	7,500,000
영업7	120,000,000	3월	-	-	-	-	2,500,000
영업8	120,000,000	3월	-	-	-	-	2,500,000
영업9	120,000,000	5월	-	-	-	-	-
영업10	120,000,000	7월	-	-	-	-	-
영업11	120,000,000	9월	-	-	-	-	-
영업12	120,000,000	11월	-	-	-	-	-
퇴직 리스크	120,000,000	6월	-	-	-	-	-
부서 이동	120,000,000	4월	-	-	-	-10,000,000	-10,000,000
토털생산능력			50,000,000	50,000,000	52,500,000	45,000,000	52,500,000

〈 세일즈 생산 능력의 계산표 〉

실제 예를 들어 설명하겠다. 일단 전년도에는 영업이 5명이고, 개인 목표는 연간 1억 2,000만으로 합계 6억 엔, 부서 평균 달성률이 80%로 약 5억 엔의 매출이었다고 하자. 금년도는 추가로 7명을 신규 채용해서 대폭 증가를 예상하고 있다. 채용 예정월은 연간 격월의 페이스로 예산에 넣고 있다. 지금까지의 경향으로 최소 1명의 퇴직 리스크도 봐둘 필요가 있으니 6월로 예정해둔다. 또 1명은 4월에 매니저로 승진을 예정하고 있다. 이에 따라 최종적인 영업 인원은 연말에 10명으로 배가 늘어난다.

그러나 램프타임, 퇴직, 승진을 고려해 생산 능력을 계산하면 합계 생산 능력(개인 목표를 합계한 것)은 7억 3,250만 엔이다. 여기에 조직 전체의 평균 달성률인 80%를 곱하면 기대할 수 있는 매출은 5

6월	7월	8월	9월	10월	11월	12월	연간합계
10,000,000	10,000,000	10,000,000	10,000,000	10,000,000	10,000,000	10,000,000	
10,000,000	10,000,000	10,000,000	10,000,000	10,000,000	10,000,000	10,000,000	
10,000,000	10,000,000	10,000,000	10,000,000	10,000,000	10,000,000	10,000,000	
10,000,000	10,000,000	10,000,000	10,000,000	10,000,000	10,000,000	10,000,000	
10,000,000	10,000,000	10,000,000	10,000,000	10,000,000	10,000,000	10,000,000	
10,000,000	10,000,000	10,000,000	10,000,000	10,000,000	10,000,000	10,000,000	
5,000,000	7,500,000	10,000,000	10,000,000	10,000,000	10,000,000	10,000,000	
5,000,000	7,500,000	10,000,000	10,000,000	10,000,000	10,000,000	10,000,000	
-	2,500,000	5,000,000	7,500,000	10,000,000	10,000,000	10,000,000	
-	-	-	2,500,000	5,000,000	7,500,000	10,000,000	
-	-	-	-	-	2,500,000	5,000,000	
-	-	-	-	-	-	-	
-10,000,000	-10,000,000	-10,000,000	-10,000,000	-10,000,000	-10,000,000	-10,000,000	
-10,000,000	-10,000,000	-10,000,000	-10,000,000	-10,000,000	-10,000,000	-10,000,000	
50,000,000	57,500,000	65,000,000	70,000,000	75,000,000	80,000,000	85,000,000	732,500,000

평균 달성률	80%	기대 매출	586,000,000

억 8,600만 엔이 되어, 전년도부터 인원은 배증하고 있는데 매출은 20% 정도의 신장으로 멈추게 된다. 이 차이를 해소하기 위해 영업 인원, 채용 시기를 앞당기고, 램프 타임의 단축, 부서 평균 달성률, 사원의 리텐션 등 다양한 수단을 동원하는 것을 검토한다.

영업성과도 원자재형 상품이라면 상위권과 하위권의 차이는 크게 벌어지지 않지만, 솔루션형 상품의 경우는 평균 3배 정도의 차이가 나는 경우가 많다. 달리 말하자면 우수한 사람을 한 명 뽑으면 웬만한 사람을 세 명 뽑는 것과 같다는 뜻이다.

실제로 우수한 인재는 좋은 성과를 남기며 오랜 기간 활약할 가능성이 크며, 성과가 나오지 않는 사람은 퇴직 리스크도 커진다. 사원이 퇴직해서 다시 처음부터 채용하게 되면 램프 타임은 제로부터 다시 계산하는 것이다. 그렇게 생각하면 채용을 잘하는 회사와 그렇지 않은 회사 간에 압도적인 차이가 나는 이유를 잘 알 수 있을 것이다. 퇴직자가 많은 회사는 그만두는 인원수를 웃도는 채용을 하고 있어도 조직의 실제 생산 능력은 실질적으로 하락하는 경우도 있을 수 있다.

최근 주목받고 있는 세일즈 인에이블먼트(Sales Enablement, 영업 활동을 개선하고 최적화하기 위한 방안-옮긴이)는 여기에 착안한 역할로 램프타임이 긴 영업 조직에서 니즈가 높다. 1인당 램프타임을 줄일 수 있으면 극적으로 조직 전체의 성과를 높일 수 있기 때문이다.

얼마 전 어떤 사람과 대화를 나누다가 "세일즈 인에이블먼트에 관련된 세미나에서 큰 깨달음을 얻었습니다. 영업성과의 평균을 올리는 것이 아니라 중앙치를 올리는 것이 중요하다는 것이지요?"라는 질문을 받았다. 이는 잘못 이해한 것은 아니지만, 100점은 아니다.

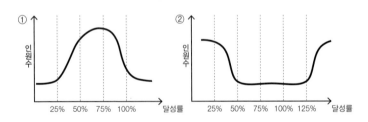

〈 영업의 달성률 분포 패턴 〉

만약 영업의 인원수와 달성률이 그래프①과 같은 형태의 조직이라면 애초에 평균이든 중앙치든 큰 차이가 없다. 세일즈 인에이블먼트가 존재하는 목적은 그래프②와 같은 분포가 되는 영업 부서를 ①의 형태로 변화시키는 것이다. 그리고 그래프②의 기업은 다음과 같은 특징을 가지고 있다.

· 입사 후 일을 시작하는 데에 시간이 걸린다.
· 솔루션형 상품으로 원자재형 상품이 아니다.
· 따라서 상위권과 하위권의 성과 차이가 생기기 쉽다.
· 영업 매니저가 영업 개개인을 교육하는 데 사용하는 시간이 충분하지 않다.
· 일부 상위권 사원이 회사의 실적 대부분을 지탱하고 있으므로 지속적인 성장에 리스크가 있다.

오히려 원자재형 상품을 취급하는 영업 조직에서는 세일즈 인에이블먼트는 그다지 니즈가 없을 것이다. 그런 조직에서는 주문서 작성 등 간접업무를 보좌해주는 사람을 늘리는 편이 훨씬 효율적이다.

커스터머 석세스나 인사이드 세일즈도 마찬가지지만, 세상에서 유행한다고 해서 도입하는 기업도 있다. 그 전에 정말 그 역할이 필요한지 생각해보자. 각각의 모범 사례가 쉽게 공유되고 있으므로 표면적으로만 파악하지 말고 왜 필요한지를 심사숙고해 보는 것이 요구되는 시대라고 생각한다.

생산성의 레버를 찾는다

세일즈 생산 능력은 영업 인원수만으로 측정할 수 없다고 설명해 왔지만, 이는 뒤집어보면 소가 대를 쓰러뜨리기 위한 포인트이기도 하다. 단순한 물량작전의 승부가 되지 않기 위해 생산성을 극대화 하기 위한 레버를 찾자.

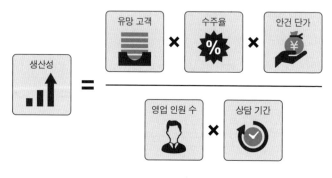

〈 생산성의 레버를 찾는다 〉

이때 효과적인 것이 프로세스를 인수분해하는 일이다. 생산성은 그림과 같은 식으로 나타낼 수 있다. 분모는 투입하는 자원으로 '영업 인원 수×상담 기간'이 들어간다. 분자는 매출을 인수분해한 '유망 고객×수주율×안건 단가'가 된다. 지금까지 마케팅, 인사이드 세일즈, 영업, 커스터머 석세스를 중심으로 주로 분자를 최대화하기 위한 설명을 해왔지만 이어서 분모를 검토해보자.

매출 선행으로 생각하면 영업의 생산 능력을 조기에 늘리는 편이 손쉬운 길이다. 하지만 영업 활동을 열심히 한다고 해도 제품을 도입한 기업이 잘 안 되면 본전도 찾지 못한다. 또 도입이 성공하는 것은 물론, 이상적인 사용 방식으로 브랜드를 체현해주는 고객으로 육성해가려면 우수한 사원이 계약 후에도 하나가 되어 지원해야 한다.

그래서 마케토 일본 법인은 초기 단계에서는 영업을 소수 정예로 하고, 컨설턴트나 고객 지원, 프로덕트 매니저 등의 인재를 채용했다. 고객 수를 꽤 확장한 단계에서도 당시는 영업담당이 한 자릿수였기 때문에 사외의 사람이 "사람이 더 있는 줄 알았어요. 그렇게 적나요?"라고 자주 놀라곤 했다.

앞서 언급한 세일즈 인에이블먼트 담당은 영업의 수가 10명밖에 없을 때 선행해서 채용했다. 미국 본사는 아직 필요 없는 규모가 아니냐고 했지만 마침 영업 인원을 확대하는 시점이라 램프타임 단축이 이듬해 성장의 열쇠가 될 것이라고 생각했다. 램프타임을 조금이라도 단축할 수 있으면 영업 한 명분의 사원수를 세일즈 인에이블먼트에 할당해도 충분하다.

또한 고객의 성공을 실현하기 위해서 포스트 세일즈의 강화는 중요하지만, 레버로서 효과적이었던 것은 사실 프로덕트 매니저다. 내가 사장에 취임한 직후에는 이 채용이 머릿속에 없어서 계획에 넣지 않았지만, 마케토 창업자이자 당시 CEO였던 필 페르난데스가 프로덕트 매니저는 처음부터 뽑는 것이 낫다며 강력히 추천했다. 그가 마케토 전에 근무했던 회사가 일본에 진출했을 때 고객의 목소리를 듣고 제품에 반영하는 것의 중요성을 절감했기 때문인 듯했다. 이 조언은 지금 돌이켜봐도 정말 도움이 되었다. 조직을 말할 때 흔히 프로핏센터(profit center, 수익 창출 부서)와 코스트센터(Cost Center, 비용 발생 부서)로 분리하는 경우가 많은데 나는 이런 분리방식을 좋아하지 않는다. 역할에 대해서는 항상 커패서티 Capacity와 레버Lever로 나누는 방식을 하고 있다.

업무량이나 고객 커버리지 등에 따라 늘려야 하는 영업이나 컨설턴트 등의 역할은 커패서티. 그리고 커패서티의 생산성을 최대한 향상시키는 역할이 레버라는 사고방식이다. 이 두 가지가 균형 있게 배분되고 있는지는 투자 계획에서 중요한 지표가 된다.

영업과 엔지니어의 비율, 고객 수의 증가와 고객 지원 인원의 비율, 영업과 매니저의 비율 등 역할마다 몇 명을 할당해서 매년 어떠한 비율로 늘려갈지 일람표로 해두면 인원 계획을 세우기 쉽다.

목표 설정과 컴펜세이션

———

매출 목표를 정하고 그에 따른 커패서티 인원을 계획한 뒤 이익 목표에서 역산해서 사용할 수 있는 비용을 산출해 인건비, 마케팅비, 외주비 등에 할당해서 예산을 확정한다.

이 단계에서 고려해두고 싶은 것이 직원 보수의 구조인 컴펜세이션compensation이다. 영업뿐만 아니라 모든 사원의 개인 목표 설정은 조직 전체의 성과에 큰 영향을 끼친다. 외자계 기업에서는 개인 목표를 지니는 것이 당연하지만, 일본 기업에서는 아직 개인 목표가 없고 팀 전체의 수치를 공유하는 일이 많은 듯하다. 벤처 경영자 모임에서 이 건에 대해 대화했을 때도 "일본은 팀 목표를 내세우는 문화이고, 개인 목표는 맞지 않습니다"라는 말을 들은 적이 있다.

어느 쪽이든 좋은 면과 나쁜 면이 있다. 마케토에서도 처음 1년 반은 개인 목표 없이 팀 전체의 목표를 세웠다. 영업 인원이 한 자릿수에 불과한 상황에서 영업 활동 이외의 업무도 모두 분담해야 했고 확실한 영업 영역이 주어지는 것도 아니었기 때문이다. 하지만 길게 보고 조직을 확장시키려면 개인 목표를 설정하는 편이 낫다.

첫째, 인원이 늘어나면 아무래도 영업 능력에 불균형이 생겨 잘 판매하는 사람과 그렇지 않은 사람이 생긴다. 이때 개인 목표를 설정하지 않으면 성과를 내고 있는 사람이 그렇지 않은 사람을 먹여 살리는 관계가 되어 의욕을 저하시킨다. 회사로서 어느 쪽을 소중히 할 것인지 사고방식을 명확히 해야 한다.

둘째, 사람은 본능적으로 목표가 주어지면 그것을 달성하려고 한다. 목표와 현실의 차이를 메우려고 하는 의식이 좀 더 분발하려는 의욕을 북돋운다.

그렇다고 목표가 높으면 높을수록 좋은 것은 아니다. 나는 과거에 타 지역법인과 동일한 개인 목표를 팀원에게 부과한 적이 있었는데, 시장 환경이나 고객의 인지도가 다르기 때문에 개인의 달성률로 보면 미국과 큰 차이가 나고 말았다. 그래서 다음 해에는 과감하게 개인 목표를 적정하다고 생각되는 수준으로 낮추는 결단을 내렸다. 회사 전체의 리스크는 커졌지만 다음 해에는 극적으로 개인 목표 달성자의 수가 증가해 조직 전체의 성과도 향상되었다.

멤버의 구성은 크게 변하지 않았고 영업의 기술은 확실히 향상되었지만 그것만이 요인도 아니었다. 상반기를 마친 시점에서 지나치게 높은 목표라고 "지금부터 열심히 해봐야 연간 목표를 달성할 수 없어"라며 포기하는 사람이 생기거나 "주변 사람도 달성하지 못했으니 당연히 불가능해"라는 분위기가 형성되는 걸 방지할 수 있었던 것이 주요했다. 이상적인 목표는 "Challenging but achievable(도전이지만 달성할 수 없는 것은 아니다)"이라고 표현되는데, 절묘한 도전적인 목표를 설정하면 조직 전체의 성과에 큰 영향을 줄 수 있다고 생각한다. 매니지먼트는 목표에서 역산하는 것도 중요하지만, 목표를 설정하는 능력이 훨씬 중요하다.

목표 설정과 컴펜세이션은 매출을 늘릴 뿐 아니라, 사원이 취했으면 하는 행동을 촉진하는 효과도 있다. SaaS의 비즈니스에서 영업 실적은 ACV(Annual Contract Value), 즉 연간 계약 금액으로 평가되는 경우가 많다. 1년 계약부터 시작할 수 있는 서비스가 많지만 단기에 해지되면 투자 리턴을 회수할 수 없기 때문에 회사 입장에서는 다년 계약이 바람직하다. 따라서 다년 계약을 체결한 영업에게는 같은 ACV라도 더 많은 커미션을 지급한다. 또한 지급 조건도 월 지급이나 사분기 지급 계약보다 연간 선불 쪽이 현금 흐름의 관점에서 긍정적이므로 같은 ACV라도 연간 선불에 대해서는 더 많은 커미션을 지급하는 등의 궁리를 하고 있다.

여기서 설명한 방식이 무조건 옳다고 주장하는 것은 아니다. 회사의 문화나 직원이 소중히 하는 것이 무엇인지에 따라 상황이 달라지기 때문이다. 단, 어떤 목표를 설정하거나 컴펜세이션 구조를 만든다 해도 절대로 허술하게 정해서는 안 된다. 구조 하나로 사원의 성과가 완전히 바뀐다. 이것만큼은 틀림없다.

영업 영역 매니지먼트

세일즈 생산 능력을 최대한 활용하기 위해 필요한 것이 영업 영역 매니지먼트다. 영업 영역은 업종이나 기업규모, 지역 등의 조건을 바탕으로 결정하는 영업이 담당하는 범위로, 타깃 시장에 대해 어떻게 인원을 할당해나갈지 다양한 조건에서 결정하게 된다.

규모가 큰 영업조직이라면 이미 있는 영업 영역을 유지 보수하면 좋겠지만, 새롭게 비즈니스를 시작했을 때는 어떻게 영업 영역을 설정하는 것이 좋은지 모르는 사람도 많지 않을까? 나도 영업 매니지먼트가 되었을 무렵에는 영업 영역을 엄밀히 정하는 것보다 그때그때 영업의 가동 상황이나 성과를 보면서 재량으로 상담이나 담당 어카운트를 할당하는 것이 효율적이라고 생각했다.

실제로 영업에서는 명확하게 영업 영역을 정하지 않고 스스로 발굴해온 상담을 그 사람에게 맡긴다는 이야기를 자주 듣는다. 이 방식은 언뜻 효율적으로 보이지만 중장기적인 시점으로 생각하면 성장을 저해하는 경우가 많다.

인바운드로 들어오는 상담을 균등하게 할당하면 영업은 수동적이 되어 스스로 발굴을 하지 않게 된다. 그러면 회사 전체적으로 인바운드의 성장 속도가 한계에 도달한다. 그런데 자유롭게 발굴하고 발굴한 사람이 가져가는 방식이라면 누구나 같은 대상에 접근하게 되어 회사가 보기에 리소스가 최적화된 상태라고 할 수 없다. 영업 영역을 정해놓고 "이 범위는 당신의 책임이다"라고 명확히 밝힌 다음 담당자가 그곳에 온 정성을 기울일 수 있는 환경을 만들어 주면 회사가 전체적으로 성장할 수 있다.

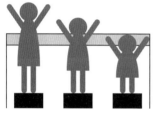

SAMENESS(동일성)   FAIRNESS(공정성)

〈 영업 영역 매니지먼트에서는 FAIRNESS(공정성)를 중시 〉

다만 개개인의 영업 영역을 공평하게 분배하는 것만으로는 안 된다. 영업 영역을 공평하게 분배하는 방법, 즉 상담 기회를 균등하게 하는 것은 위의 그림의 SAMENESS(동일성)에 해당한다. 하지만 전체 성과를 극대화하려면 FAIRNESS(공정함)가 더 중요하다.

많은 경험을 쌓게 하고 싶은 영업사원에게는 넓은 영업 영역을 할당하고 경험이나 기술에 따라서 몇 군데의 회사만을 담당하게 하는 등 영업 영역, 매출 목표의 설정, 컴펜세이션을 종합적으로 판단한다. 같은 재능의 영업사원이라도 어떻게 영업 영역을 설정하느냐에 따라 전체의 성과가 크게 달라진다. 그야말로 매니지먼트의 솜씨가 중요해진다.

영업 영역에 관해서 하나 더 중요한 것이 있다. 사내의 형평성을 유지하는 일이 우선되어 고객 부재가 되어서는 안 된다는 점이다. 영업 인원이 점점 늘어나는 회사는 새로운 영업에게도 균등하게 고객을 할당하려고 해서 매년 영업 영역을 변경해 담당이 바뀌는 일이 발생하고 만다. 어느 정도 변경이 생기는 것은 어쩔 수 없지만, 고객 입장에서는 매년 영업이 바뀌는 것은 불안할 수밖에 없고 대우가 소홀하다고 느낄 것이다. 영업 이외에 고객이 부담 없이 이야기할 수 있는 창구를 준비하는 등 회사 대 회사의 관계를 원활히 유지할 수 있게 하는 배려가 고객과의 장기적인 관계를 만든다.

전략적인 투자와 트레이드오프

매출 수치를 정해서 필요한 세일즈 생산 능력을 만들고 인원 계획을 할당했다면 나중에 성장을 가속하는 전략적인 투자에 대해 리스트업을 한다. 예를 들어 다음과 같은 항목이다. 일정 이상의 예산이나 인원이 들어가는 일에 관해서 필요한 사원 수, 비용, 기대할 수 있는 리턴은 정리해두자.

· 해외거점의 개척

· 신제품 개발

· 데이터센터의 신설

· 타사와의 제휴

· 대규모 이벤트 개최

　물론 모든 것에 투자할 수는 없으므로 무엇을 택하고 무엇을 버릴지 트레이드오프를 생각해서 우선순위를 정하게 된다. 우선순위는 반드시 실행하는 순서와 일치하지 않는다. 리턴이 나오는 타이밍에 시간차가 있기 때문이다. 그래서 단기(6개월 미만), 중기(6개월 이상 18개월 미만), 장기(18개월 이상) 등 3가지 박스를 준비해두고 선택한 투자 안건을 배정해본다. 단기에 지나치게 치우친 것은 아닌지 혹은 그 반대인지 지속적인 성장을 위해 균형 잡힌 투자가 되고 있는지 확인하자.

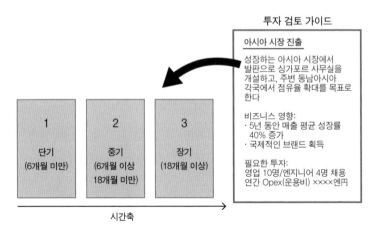

〈 투자 계획을 넣은 세 가지 상자 〉

제 13 장

성과 매니지먼트

우수한 매니지먼트는 숫자를 어떻게 보고 있는가?

시장 전략을 책정하고 어디에 투자할 것인지 결정했다면 그것이 올바른 방향으로 향하고 있는지 항상 계측해야 한다. 경영자는 숫자에 강해야 한다고 자주 거론되는데, 숫자에 강하다는 것은 지표의 의미를 안다는 뜻이 아니다. 중요한 것은 데이터를 그대로 받아들이지 않고 숫자를 보고 지금 무슨 일이 일어나고 있는지를 상상하는 힘이다. 이번 장에서는 어떤 KPI를 보느냐가 아니라 어떤 점에 주의해서 KPI를 보느냐에 중점을 두고 소개하고자 한다.

얼마 전 어느 회사의 사장과 "우수한 경영자는 모두 놀랄 만큼 자세하게 수치를 파악한다"라는 화제로 이야기꽃을 피운 적이 있다. 그 사람은 이나모리 가즈오가 만든 경영 모임 세이와주쿠(盛和塾) 출신이었는데, 이나모리 가즈오는 방대한 페이지수의 경영 자료를 훌훌 넘기다가 순간적으로 모순이나 신경 쓰이는 점을 찾아냈다고 한다. 이것을 "숫자가 울고 있다"라고 표현하면서 자신이 찾는 것이 아니라 숫자가 자신을 부른다고 말하기도 했다.

나도 미국 본사의 상사와 분기별 비즈니스 리뷰를 할 때 몇 주 전에 했던 설명과의 모순점을 아주 자세한 숫자 수준으로 지적받아서 그렇게 세세한 것까지 기억하느냐고 놀란 적이 있다. 또 내가 참가한 글로벌 매니지먼트 회의에서는 몇 십 장의 슬라이드가 진행되는 도중에 갑자기 설명을 멈추게 해서 5페이지 전으로 슬라이드를 되돌린 뒤 숫자의 앞뒤가 맞지 않는다고 지적한 매니지먼트가 있었다. 처음에는 '이 사람들은 초인적인 능력을 가진 특별한 존재로구나'라고 생각했지만, 나중에는 결코 특별한 기억력을 가진 것이 아니라 어디에 의식을 향하는지에 따라 차이가 난다는 사실을 깨달았다. 우수한 매니지먼트는 단지 만연히 숫자를 보는 것이 아니라 '무엇을 볼 것인가?'를 강하게 의식하고 있다. 그러면 데이터를 보는 순간 이상치가 확 떠올라 보이는 것이다.

예를 들면 내가 막 매니지먼트가 되었을 무렵에는 진행 중인 상담에 관해서는 어느 상담에 변화가 있었는지 금방 파악할 수 있었다. 상담 단계에 주목하면서 매일 매일 상담 리스트를 주시했기 때문이다. 변화가 일어났을 때 곧바로 영업 담당에게 질문하면 "상담이 몇 백 건이나 있는데 어떻게 바로 아셨어요?"라며 자주 놀라는 모습을 보였다. 특별한 것은 아무것도 하지 않고 단지 상담의 단계에 의식을 두고 매일 보고 있었을 뿐이다.

그런데 기간이 한두 달 정도로 비교적 짧은 파이프라인은 지난주에 몇 개가 생성되었고, 이번 주에 어느 정도까지 축적되었는지 파악하고 있어도, 기간이 3개월, 6개월이 되는 파이프라인은 얼마나 축적되어 있는지 전혀 기억하지 못했다. 앞을 내다보고 파이프라인을 만들어야 한다고 영업에 말하면서 눈앞의 상담에만 정신이 팔려 있었던 것이다.

절대치가 아니라 트렌드를 중시

제1영업부는 수주율 30%, 제2영업부는 수주율 20%라는 숫자를 보고 제2영업부에 문제가 있다고 생각하는 사람이 있다. 그러나 담당하는 영업 영역이 다르면 시장의 성숙도, 고객, 경쟁사 등의 환경도 다르기 마련이다. 또한 외부 요인만이 아니라 내부 요인도 있다. 제1영업부의 영업은 보수적으로 확실성이 높아질 때까지 상담을 만들지 않는 경향이 있고, 제2영업부의 영업은 조금이라도 가능성이 있을 때 자꾸 상담을 만드는 경향이라면 단순히 분모의 기준이 다른 것일 수 있다.

지표를 볼 때는 순간을 잘라낸 스냅숏이 아니라 트렌드를 의식하면서 봐야 한다. 당연한 것 같지만 이것이 안 되는 기업이 많다.

예를 들어 제2영업부의 수주율이 지난해까지만 해도 꾸준히 30%였으나 올해 20%로 떨어졌다면 무언가 새로운 과제가 생겼을 가능성이 크다. 반대로 작년부터 줄곧 20% 안팎이라면 새로운 과제가 있다기보다 구조적인 문제가 있는지, 아니면 애초에 제1영업부와 비교해 기준 자체에 차이가 있는지 분석해야 한다.

단일이 아니라 다수의 지표를 본다

모든 지표는 건수와 금액을 두 개로 나열해 분석하는 것이 좋다. 수주율을 예로 보면, 건수를 기준으로 한 수주율이 30%인 영업사원이 2명, 20%인 영업사원이 1명 있다고 하자. 이것만으로는 누가 우수한지 어떤 특징을 갖고 있는지 알 수 없다. 여기에 금액을 기준으로 한 수주율도 더해보면 큰 차이가 있는 것을 알 수 있을 것이다.

	수주율(건수)	수주율(금액)
영업사원A	30%	18%
영업사원B	30%	35%
영업사원C	20%	40%

〈 건수 기준과 금액 기준의 수주율 〉

위의 표를 보자. 이 정보로 짐작되는 것은 영업사원A는 금액이 큰 상담을 수주에 실패하고 있으므로 고도의 제안력이나 가치 호소력, 주변을 끌어들이는 능력에 문제가 있을지도 모른다. 반면에 영업사원C는 큰 상담을 수주하고 있지만 건수에서 떨어지는 것이 많기 때문에 성공할 만한 상담에 집중한 나머지 다른 것을 제대로 관리하고 있지 않을 가능성이 있다. 그러면 영업 담당 영역을 좁혀 대형 안건에 집중하게 하는 편이 좋을지도 모른다. 이 중에서 영업사원B는 매우 균형적이라고 생각할 수 있다.

단일 지표가 아닌 다수의 지표를 조합하면 무슨 일이 일어나고 있는지 예상하기 쉬워지고 매니지먼트로서 무엇에 대응해야 하는지 목표를 쉽게 좁힐 수 있다는 사실을 이해할 것이다.

담당 영업	지난 분기 매출 금액	모든 상담 금액 총계	수주율	신규 비율
영업사원A	¥150,000,000	¥375,000,000	40%	45%
영업사원B	¥120,000,000	¥400,000,000	30%	65%
영업사원C	¥100,000,000	¥285,000,000	35%	60%
영업사원D	¥95,000,000	¥146,000,000	65%	15%
영업사원E	¥36,000,000	¥72,000,000	50%	80%

〈 어느 영업사원이 우수한가? 이번 분기도 똑같이 기대할 수 있는가? 〉

다른 예를 소개해보겠다. 위의 표를 보고 여러분이라면 어떤 영업이 우수하다고 생각하는가? 지난 분기 매출 목표인 1억 엔을 달성한 사람은 3명이다. 그러나 수주율만 놓고 보면 영업D와 영업E가 높은 수준이다. 또 수주율만이 아니라 신규 고객의 계약과 기존 고객의 계약 비율에 커다란 차이가 있는 것도 알 수 있다. 앞으로는 다음의 부분을 검토해야 할 것이다.

· 영업의 담당 영역 할당에 격차가 크지 않은가?
· 영업사원D는 수주율이 높지만 대부분의 매출을 기존 고객에게 올리고 있어 이번 분기도 같은 기대를 하기 어렵지 않은가?
· 영업사원D의 신규에 한정된 수주율은 몇 %인가? 적정한 수준에 있는가?
· 영업사원E에게 더 넓은 영업 영역을 할당해 상담수를 늘리면 실적이 크게

향상되지 않겠는가? 영업 영역에 문제가 없다면 안건 발굴의 기술에 과제가 있지 않은가?

숫자와 주관

———

종종 가시화라는 말을 사용하는데, 숫자를 계측하는 것과 실태를 이해하는 것은 전혀 다른 차원의 이야기다.

숫자에는 주관이 들어갈 수 없는 숫자와 주관이 들어가는 숫자 두 종류가 존재한다. 전자는 웹사이트 트래픽, 광고에 들인 마케팅 예산, 영업 인원, 수주 건수, 매출 등을 들 수 있다. 후자에 해당하는 것은 인사이드 세일즈가 영업에 넘긴 약속 수, 상담 건수, 파이프라인 금액 등이다.

인사이드 세일즈가 영업에 넘기는 내용은 사람에 따라 차이가 난다. BANT 조건을 모두 확인할 수 있는 것도 있고, "이야기는 들었지만, 방문했을 때 설명한다고 하니까 일단 방문해주세요. 약속은 잡혔습니다"라고 하는 것도 있다. 그러나 모두 같은 1건으로 카운트된다. 상담 건수도 영업마다 무엇을 상담으로 간주하는지 아무리 기준을 정해도 주관이 들어갈 수밖에 없다. 파이프라인의 액수도 상담 진행 중에는 보수적으로 보는 사람도 있고 최종 숫자를 항상 크게 입력하는 사람도 있다. 인간이 관여하는 한, 모든 것을 표준화해서 기준을 같게 하는 것은 불가능하다.

부서 간의 알력

주관이 들어가므로 숫자를 통해 현장에서 무슨 일이 일어나는지 상상하는 힘이 필요하다. 예를 들어 영업 부서의 매출 전망이 어려워져서 마케팅 부서에 파이프라인이 부족하다고 압박을 가했을 때 어떤 메커니즘이 작동할까?

마케팅은 우선 리드 수를 늘리려고 한다. 매출에 영향을 주려면 단기적으로 리드를 획득해야 하지만 간단한 일은 아니다. 생각할 수 있는 시책은 전시회나 폭넓은 층을 획득할 수 있는 광고와 캠페인을 만드는 것이다. 당연히 리드의 질은 떨어지고 그 후에 관리하는 인사이드 세일즈의 상담화율도 떨어진다.

하지만 리드가 늘고 있음에도 파이프라인이 부족하면 압박의 화살이 인사이드 세일즈로 옮겨간다. 그러면 억지로라도 영업에 넘기려고 해서 지금까지보다 영업에 넘기는 기준이 내려간다.

수치 때문에 괴로운 영업 담당은 숨 가쁘게 상담을 원하므로 조금이라도 가능성이 있으면 방문한다. 그러나 원래 지금까지보다 확실성이 낮은 것이 많아져 있기 때문에 쉽게 상담화할 수 없거나 상담화한다고 해도 수주율은 떨어진다. 제안 활동에도 집중할 수 없다. 게다가 상사에게 "마케팅에만 리드를 바라지 않고 스스로 상담을 만드는 것도 영업의 일이야. 상담을 만드는 목표를 설정해서 매일 유망 고객을 발굴하게"라는 식으로 지시받으면 한층 더 수렁에 빠질 수도 있다. 곤란에 빠진 영업 담당은 수주가 따라가지 못하니, 그나마 상담만이라도 목표를 달성해야겠다고 생각하며 지금까지 상담으로 하지 않았던 기준의 대상까지 상담화한다.

이런 상태에서 경영진이 KPI를 분석해 무엇이 과제인지 밝히라고 하면 마케팅 부서는 "영업 수주율이 떨어지고 있는 게 분명합니다. 이러다가는 아무리 리드를 작성해도 안 됩니다"라고 하고, 영업은 "질 나쁜 상담을 넘겨주는 인사이드 세일즈 때문에 현장의 효율이 떨어집니다. 그들의 기술 문제가 아닐까요?"라고 말할 수도 있다.

병목 현상은 하나밖에 없다

이 경우에 가장 해서는 안 되는 것은 부서별로 '과제를 해결하라'라고 말하는 일이다. 지금까지 설명해온 매출을 올리기 위한 프로세스가 루프 모양으로 모두 연결되어 있다고 하면, 병목 현상이 일어나는 위치는 변동한다고 해도 병목 현상은 하나만 존재하기 마련이다. 공장에서 병목 현상을 보이는 생산 공정이 있는데 그 직전의 공정을 담당하는 기계를 풀가동시켜버리면 제작 중인 상품이 자꾸 쌓이듯이, 부분 최적이 오히려 전체의 생산성을 떨어뜨리는 일이 있다.

수주율 개선을 위해 해야 할 일은 채용 재검토, 영업 교육, 가격 인하일 수도 있고 혹은 어느 고객 프로파일이 안건에 연결되기 쉬운지 영업이 어느 곳을 타깃으로 해서 시간을 써야 하는지 깊게 검토해 보아야 할 수도 있다. 마케팅 예산과 영업 타깃을 재조정하거나 인사이드 세일즈의 아웃바운드 리소스를 확보하는 것이 정답일지도 모른다.

어쨌든 병목 현상은 한 곳이며, 그것을 찾아내기 위해 성과 지표를 관리하는 것이다. 산더미처럼 KPI를 나열해서 깔끔한 리포트를 만드는 일만으로 만족해서는 안 된다.

[SaaS 업계의 상식을 의심하라]

표면적인 이해의 위험함

내가 오랜 세월 몸담아 온 B2B SaaS 업계의 비즈니스 모델에 대해 최근 연구가 활발하게 이루어져서 서적, 블로그, 세미나 등 정보가 넘치고 있다. 그러나 그것을 보고 있으면 '표면적인 것만 이해하는 것이 아닌가?'라고 느낄 때가 있다.

"SaaS 모델에서는 이익을 내지 않아도 매출 성장률이 중요합니다."

"미국에서는 ACV(연간 계약 금액)가 얼마라면 이 정도 리텐션이라는 벤치마크가 있어요. 우리 회사는 그것을 참고한 ACV 수치를 목표로 하고 있습니다."

"SaaS 비즈니스를 시작했기 때문에 커스터머 석세스 부서를 설립했습니다."

"앞으로 사업을 확대할 것이기에 인사이드 세일즈와 세일즈 인에이블먼트의 인원을 확대해나갈 예정입니다."

전부 틀린 내용은 아니지만 이런 요소는 자사의 사업 내용에 따라 달라진다. 이익보다 매출이 중요하다는 생각 하나만으로도 그렇다. 이용자가 일정기간 계약해서 요금을 지불하는 서브스크립션 모델의 경우 최소라도 1년간, 경우에 따라서는 몇 년의 계약을 맺는 일도 드물지 않다. 한편 P/L(손익계산서)에 매출을 계상할 수 있는 타이밍은 고객이 서비스를 이용하는 달이므로 계약은 확정되었지만 P/L에 계상되지 않는 매출이 존재한다. 이런 점에서 서브스크립션 모델은 P/L에 보이는 외형적인 이익보다 훨씬 건전한 경영이라고 할 수 있다.

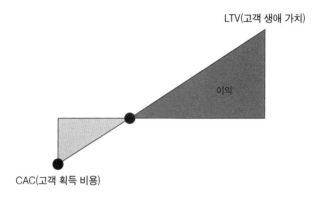

〈 서브스크립션 모델의 비용 회수 프로세스. 장기 계약 유지에 따라서
CAC(고객 획득 비용)와 LTV(고객 생애 가치)가 동등해진다. 〉

  SaaS 모델의 이점으로 언급되고 있듯이 사용하게 할수록 LTV(고객 생애 가치)가 높아진다면, 스케일 이점이 작용해 이익이 점차 증가할 것이다. 실제로 서브스크립션 모델의 이점은 이런 그림으로 설명되는 경우가 많다.
  그러나 주요 SaaS 상장기업의 결산을 살펴보면 이익에 관해 이런 추이를 보이는 기업은 거의 없음을 알 수 있다. 매출 성장이 둔화되면 수도꼭지를 잠그듯이 비용을 줄이면 된다는 사람이 있지만 일은 그리 단순하지 않다. 획득해온 고객을 유지하기 위해 채용한 사원에게 드는 인건비나 서비스 운용비용은 간단하게 삭감되는 것이 아니기 때문이다.

TAM(Total Addressable Market, 시장규모)이 큰 경우에는 당장의 채산을 도외시해서 시장점유율의 획득을 우선하고 경쟁사를 배제한 후에 업셀/크로스셀로 고객 한 명당 단가를 올려 가는 방법도 생각할 수 있지만, SaaS 모델이기 때문에 매출만 중시하면 된다는 생각은 위험하다.

의미 없는 KPI의 관점

기존의 PER(주가 수익률)이나 PSR(주가 매출 비율)만으로는 평가하기 어려운 게 SaaS 기업의 가치이다. 가치를 측정하는 벤치마크로 40% 규칙(매출 성장률+이익률 40% 이상을 기준으로 한다)이 알려져 있지만, 그런 규칙이라고 하는 것도 어디까지나 과거 기업을 분석하면 이런 경향이 있다는 기준일 뿐이다. 그것을 그대로 받아들이지 않고 기업이 어느 성장 스테이지에 있는지 타깃 시장은 어디인지 경쟁사가 북적거리는지, 독점인지 성장 여지는 어디에 있는지까지 분석할 필요가 있다.

ACV와 리텐션의 관계나 ASP(평균 상담 금액)와의 상관관계 등의 통계를 가지고 와서 적정한지 여부를 판단하려는 사람도 있지만, SaaS라는 카테고리에서는 그런 정리도 거의 의미가 없다. 예를 들어 대기업을 타깃으로 하는 벤더의 ASP가 1,000만인 경우와 대기업이나 중견기업도 커버하고 있는 기업의 ASP가 1,000만인 경우에는 의미가 달라진다.

SFA나 MA처럼 활용하는 데에 일정한 노력이 들어서 회사에 의해서 활용 방법이 크게 달라지는 경우에는 "활용이 되지 않는다. 효과가 나타나지 않는다"라는 일이 일어나기 쉽고 리텐션 비율도 낮아지기 쉽다. 한편 회계나 인사, 경비 정산 등의 업무용 시스템의 경우 한 번 도입하면 일부러 교체하려고 생각하는 일은 적다.

시장은 SaaS를 어떻게 보고 있는가?

그럼에도 많은 기업이 과도하게 매출 위주로 경영하는 것은 시장이나 애널리스트가 SaaS 모델 기업에 대해서 이익이 아닌 매출의 전년 대비 성장률을 가장 중요한 벤치마크로 삼고 있는 것이 크기 때문이다.

적정한 이익 수준을 목표로 하기보다 어쨌든 공격적으로 매출 성장을 유지하는 것이 주가의 향상으로 연결된다. 특히 미국의 IT기업은 보수를 스톡옵션으로 지급하므로 회사나 경영간부를 비롯한 사원들에게 주가가 상승세를 그리고 있는 동안에는 큰 이점이 있고 채용에도 플러스로 작용한다.

하지만 매출의 전년 대비 성장률이 어느 퍼센티지를 밑돌면 시장은 그 업계의 카테고리가 성숙해졌다고 간주한다. 그러면 그 순간부터 매출의 성장률이 아닌 이익률이 냉정하게 평가된다. 그러나 건전한 경영을 하지 않으면 갑자기 이익을 짜낼 수는 없다. 이렇게 되면 모든 것이 급속한 역회전을 일으켜 비탈길을 굴러 떨어지듯이 전락하는 기업이 나오게 되는 것이다.

The Model

제 5 부

인재, 조직, 리더십

제 14 장
인재와 조직

매니지먼트로서 골격을 만드는 것

여기까지 프로세스를 중심으로 설명했는데 프로세스를 움직이는 것은 사람이다. 그리고 경영이란 멤버를 채용해서 팀을 만들어 리더십을 발휘해 모두를 이끌어가는 것이다. 세상에는 경영에 관한 이론이나 모범 사례가 넘쳐나는데 성공하는 회사와 그렇지 않은 회사로 나뉘는 것은 그 실행에서 차이가 나기 때문이다.

내가 처음 실행에 관심을 보인 것은 래리 보시디, 램 차란의 《실행에 집중하라》라는 책을 읽은 것이 계기였다. 이전까지 리더는 세세한 일상 업무는 현장에 맡기고 장기적인 관점에서 더 큰 주제에 주력해야 한다고 생각했지만, 이 책을 읽고 리더야말로 모든 일에 깊이 관여하고, 이해하며, 실행을 문화로 조직 전체에 뿌리내려려 한다는 것을 배웠다. 지금도 비즈니스 서적에서 한 권만 추천해야 한다면 주저하지 않고 이 책을 추천할 것이다.

또 하나 매니지먼트로서 골격을 만드는 데에 큰 영향을 준 것이 하버드 비즈니스 스쿨의 이그제큐티브Executive 프로그램이다. 미국에서 일본으로 귀국하기로 결정한 32세 때 매니지먼트도 영업도 경험이 없는데 역할을 다할 수 있을지 불안했던 나는 예전부터 관심이 있었던 하버드 비즈니스 스쿨의 AMP(Advanced Management Program)라는 코스에 참가하려고 했다. 조사해보니 AMP는 기업의 CEO나 그 직전의 사람들이 모이는 코스였다. 이와는 별개로 앞으로 경영간부의 길을 갈 사람, 사업부의 매니저가 되려는 사람을 대상으로 한 GMP(General Management Program)라는 코스의 존재를 알게 되었고, 회사의 승인을 얻어 참가했다.

전 세계 글로벌 기업에서 모인 간부 후보생들과의 교류는 물론 교수진의 높은 수준은 나에게 특별한 자극이 될 만했다. 우선 프로그램의 전반부는 철저하게 케이스스터디를 많이 소화하고, 프레임워크를 교육받는다. 그리고 어떤 상황이 설명되었을 때 즉시 그 케이스를 분석하고 해석해서 무엇이 과제인지 이해하는 능력을 갖춘다. 한 달 이상 그 작업을 반복하자 '비즈니스는 간단하다. 이렇게 분석하면 문제점이나 해결책을 정리할 수 있다'라고 생각하게 된다.

그리고 뒤이어 인간의 감정, 윤리관, 리더십 등 분석과 해석, 프레임워크만으로 답이 나오지 않는 것에 대해 논의를 반복했다. 이 책을 프로세스의 설명만이 아니라 사람이나 실행 단계에서의 챌린지에 초점을 맞추려고 생각한 것은 이런 하버드에서의 경험이 바탕에 깔려 있기 때문이다.

32세에 처음 매니지먼트가 된 후 15년. 돌이켜보면 영업 부서장과 사장으로서 여러 성공과 실패의 체험을 해왔다. 정답이 없는 영역이라고 생각하지만, 5부에서는 인재, 조직, 리더십에 대해 내 나름의 고찰을 정리하고자 한다.

비전, 미션, 밸류

멤버가 하나둘씩 늘어나면 사고방식과 가치관이 다양해진다. 자신이 함께 일하고 싶다고 생각하는 사람을 채용한다고 해도 일에 대한 사고방식이나 인생의 목표, 가치관까지 포함해 모두가 같을 수는 없다. 그런 환경에서 모두의 힘을 결집하기 위해 필요한 것은 비전, 미션, 밸류다. 이런 정의는 회사나 사람에 따라 다르며, 어디까지나 내 개인적인 사고방식임을 전제로 읽어주기 바란다.

비전은 목표로 하는, 이르고자 하는 곳이다. 마케토를 예로 들자면 장래의 매출이나 고객 수 등의 정량적인 목표에 더해 '마케토가 마케팅의 대명사가 되는 세상. 소비자와 기업의 관계가 더 좋아지는 세상을 실현하고 마케터에게 도움이 되는 플랫폼을 제공한다'라는 정성적인 내용도 포함된다. 비전은 중장기를 내다보면서도 외부 환경의 변화나 회사의 성장에 따라 모습을 바꾸어가는 것이다.

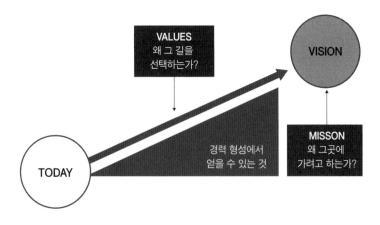

〈 비전, 미션, 밸류의 관계 〉

미션은 '왜 그곳에 가려고 하는가?'이다. 사람은 누구나 자신이 하는 일에 의의를 느끼고 싶어 한다. 무언가에 공헌하고 있다고 실감하고 주위 사람에게 인정받고 싶은 마음이 있다. 생활이 곤란하지 않을 정도의 돈을 줄 테니 일하지 말고 리조트에서 매일 놀면서 지내라고 하면 주저하는 사람이 더 많지 않을까? 사람에 따라서는 평온한 상태보다 짜릿한 긴장감과 진지함을 추구할 수도 있다. 스포츠나 게임도 마찬가지인데, 승부가 없는 게임이나 점수를 세지 않는 야구는 재밌게 느껴지지 않을 것이다.

자신의 의욕이 최대한으로 북돋아지는 것은 어떤 상황일까? 목표로 하는 비전이 세상에 발자취를 남기는 것이라면 그것만큼 보람 있는 일은 없을 것이다.

밸류는 행동을 결정하는 가치 기준이다. 비전을 달성하는 방법이나 과정은 하나가 아니다. '왜 그 길을 선택하는가?'를 결정하는 것이 밸류다. 행동이나 의사결정을 강요당했을 때 밸류에 합치하는지 아닌지를 생각한다. 이 가치관을 공유하는 한, 행동의 자유나 권한 이양도 인정된다. 회사의 문화나 DNA라고 바꿔 말해도 된다.

2018년 시점에서 마케토 일본 법인에서는 위의 항목을 밸류로 사원과 공유하고 하나하나의 항목을 비교해 논의하고 있다.

또한 비전, 미션, 밸류를 논할 때 가장 중요한 것은 이런 신념과 시장으로 보내는 메시지가 일상의 언행과 일치되어야 한다는 것이다. 흔히 "○○을 통해 풍요로운 세상을 실현한다"라는 비전을 발견하는데, 그런 회사가 윤리관이 결여된 행동을 보이거나 매출을 올리는 것만 생각하는 것은 아닌지 의문이 드는 모습을 보일 때가 종종 있다. 아무리 미사여구를 늘어놓아도 실천이 따르지 않으면 고객과 시장은 금방 감지한다. 반대로 비전, 미션, 밸류의 세 가지가 일치하면 고객, 사원, 파트너와의 결합이 강해져서 강고한 브랜드로 연결될 것이다.

스티브 잡스는 2007년 기자회견에서 이런 질문을 받았다.

"애플의 가격과 디자인은 소수 엘리트에게는 어필하지만 대중적인 고객을 얻기는 어렵다고 봅니다. 당신의 목표는 (라이벌사) PC 시장의 점유율을 앞지르는 것이 아니었습니까?"

잡스는 이렇게 대답했다.

"애플의 목표는 세계 최고의 퍼스널 컴퓨터를 만드는 것입니다. 거기에는 양보할 수 없는 선이 있습니다. 가족이나 친구에게 자랑스럽게 팔거나 권할 수 없는 제품을 내놓을 수는 없습니다."

이것이야말로 시장에 대한 메시지, 신념, 행동에 일관성이 있는 최고의 예시가 아닐까?

(겐닌지에서 좌선, 우물 안 개구리)

이전에 교토의 사찰 겐닌지에서 좌선을 한 적이 있었다. 그때 스님이 이런 말씀을 해주셨다.

"좌선을 할 때는 움직이면 안 되는 것이 아니라 흔들흔들 흔들려도 됩니다. 포갠 다리와 골반이 나무줄기 역할을 하고 상반신은 나뭇가지와 잎과 같습니다. 근간이 확고하면 위쪽이 흔들려도 겁날 것이 없지요."

이것을 기업 경영으로 바꿔 말하면 나무줄기가 기업 이념이나 가치관이고 가지와 잎은 그때그때의 전술과 시책이 되는 것일까? 전략이나 전술도 중요하지만, 그 전에 사원이 가치관을 공유하는 것이 중요하다는 것을 깨달았다.

* * *

마케토 일본법인의 밸류 중에는 '겸손함'이 있다.

예전에 채용 면접에서 "내가 지금까지 해온 것이 정말로 통용되는지 나는 우물 안 개구리가 아닌지 불안해집니다"라고 말한 사람이 있는데, 무심코 "그렇게 생각하지 않는 사람을 우물 안 개구리라고 합니다"라고 말해주었다.

자신감이 넘치는 사람이 매력적인 것은 당연하지만, 불안한 마음을 딛고 새로운 일에 도전하려는 사람은 그 이상으로 매력적이지 않을까?

조직 만들기의 모범 사례

리더는 조직의 줄기를 확실히 굳히는 것과 동시에, 그 사고방식에 찬성해주는 동료를 점차 늘려가야 한다. 아래에서는 조직 만들기에 관해 내가 의식하고 있는 것을 10가지 포인트로 정리해 소개한다.

직원이 무엇을 소중하게 여기는지 이해한다

밸류를 공유한다 해도 일에 대한 가치관은 별개의 이야기다. 나는 "The journey is reward(그 여정이 바로 보상이다)"라는 말을 좋아한다. 비전이라는 목표를 향하는 과정에서 얻을 수 있는 경험이야말로 일을 통해서 얻을 수 있는 최고의 보수라고 생각한다.

사람이 일이나 회사를 선택할 때 다음 그림에 나타나는 포인트를 기준으로 검토하는 경우가 많을 것이다. 네 가지 중 어느 하나만을 중시하는 극단적인 사람은 일단 없고, 어딘가에 중심을 놓는 형태가 될 것이다. 회사의 스테이지나 방향성에 따라 무엇을 얻을 수 있는지가 달라지므로 개인이 중시하는 비중과 합치하는지를 봐야 그 회사에서 오래 일할 수 있을지 판단할 수 있다. 자신들의 회사가 무엇을 지향하고, 무엇을 중시하는 사람이 와주기를 바라는지를 잘 정리해 두면 '팀 만들기=채용'이 잘 이루어지지 않을까?

〈 일이나 회사를 고를 때의 기준 〉

과거에 입사한 사람들에게 물으면 채용 에이전트에게 "후쿠다 씨가 면접에서 하는 질문은 정해진 것이 없기 때문에 대책이 없다"라는 조언을 받았다고 하는데, 채용 면접에서는 '이 사람에게 소중한 것이 무엇인가?'를 알기 위한 질문을 하려고 한다.

신입사원만이 아니라 일한지 오래된 사원도 시간이 흐르면서 생각이 달라진다. 이 때문에 인원이 늘어나면 자주는 아니더라도 애를 써서 직원과 일대일로 마주하는 시간을 만들려고 한다. 현장에서 무슨 일이 일어나는지 생생한 목소리를 들으려는 목적도 있지만 그 사원이 경력이나 장래에 대해 어떻게 생각하고 있는지 이해해두고 싶기 때문이다. 영업 종사자들과는 평소 대화 내용이 개별 상담에 관한 이야기가 되기 쉽기 때문에 면담 전에 "이 자리에서는 상담이나 포캐스트에 대해 말하지 않겠다"라고 단언하고 있다.

조직의 다양성

채용이나 팀 만들기에서 인재의 다양성을 의식하는 사람도 많을 것이다. 나는 마케토에 입사해서 처음부터 팀을 만들어 나갈 때 '이 심전심으로 일할 수 있는 사람은 처음에 몇 명 필요하지만, 과거에 함께 일했던 사람들만 모이면 지금까지와 다를 게 없어. 앞으로는 함께 일해본 적이 없는 유형의 사람들을 점차 채용해야지'라고 생각했다.

처음 몇 달 동안의 면접에서는 백그라운드를 고집하지 않고 여러 사람들과 면접을 진행했다. 마케팅이 나에게 새로운 분야이기도 해서 '이런 유형의 사람도 채용하는 편이 좋을까? 하지만 다양성을 원한다면 이런 유형도 채용하는 편이 조직에 활력을 줄지도 몰라' 라는 식으로 망설이면서 쉽게 채용을 단행하지 못하고 있었다. 조언을 얻기 위해 사노 지카라를 만났다.

그의 대답은 명쾌했다. "자신이 성공하기 위해 필요하다고 생각하는 사람을 뽑으면 돼. 자네는 '어느 회사 출신인지', '어떤 유형을 채용할지' 생각하는 것과 '회사가 성공'하는 것 중 어느 쪽이 중요한가?"라고 일도양단했다. 고민하던 내 기분은 거짓말처럼 맑아졌다.

나는 '다양성'과 '특정 기업 출신은 채용하지 않는다는 것'에 집착하고 있었지만, 그것은 주변의 시선만을 걱정한 것이 아닌가 싶었다. 사노 지카라의 말을 듣고 어쨌든 내가 함께 일하고 싶은 사람을 타협 없이 채용하겠다고 굳게 결의했다.

다양한 발상이나 사고방식을 조직에 받아들인다는 목적으로 다양성을 원하는 것은 훌륭한 일이다. 그러나 그것은 어디까지나 성공하기 위한 수단이며 목적이 되어서는 안 된다. 다양성은 있는 편이 좋으며 그 가치를 부정하는 것은 아니지만, 차이는 가만히 있어도 자연스럽게 나오는 것이다. 오히려 공통의 가치관을 지닌 사람들을 어떻게 모으느냐에 초점을 맞추는 편이 중요하다. 그렇기에 회사의 밸류를 공유하는 것이 필요한 것이다.

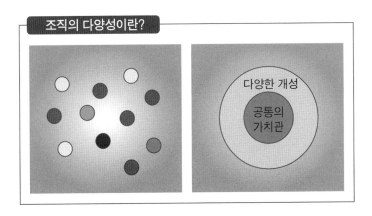

조직의 다양성이란?

다양한 개성
공통의 가치관

A급 플레이어를 모으는 것의 의미

A급 플레이어를 채용하면 그들이 A급 플레이어를 불러 온다. B급 플레이어를 채용하면 그 사람은 자기들보다 못한 B급, C급 플레이어를 불러온다는 말을 자주 들었다. 하지만 나는 B급 플레이어가 C급 플레이어를 불러들인다는 부정적인 이야기가 아니라 A급 플레이어가 왜 A급 플레이어를 불러들이는지에 초점을 맞추고 싶다.

A급 플레이어는 훌륭한 인재끼리 일하는 즐거움, 보람, 고양감

등을 알고 있다. 그렇기 때문에 A급 플레이어를 불러준다. 한 번 경험하면 다시는 이 매력에서 벗어나지 못하기 때문이다. 그때 회사는 눈덩이가 불어나듯이 성장한다. 그래서 눈사람의 핵심이 될 처음 10명이 그 후 회사의 장래를 결정한다고 해도 과언이 아니다.

자신이 하는 편이 빠르다고 생각하는 사람은 채용하지 않는다

A급 플레이어는 능력이나 경험만 있어서는 안 된다. 맡기면 일을 확실히 처리하고 머리도 월등히 뛰어난 사람을 봐왔지만, 그런 사람이 팀에서는 기능하지 않는 사례도 봤다. 상사로서 그러한 사람을 부하 직원으로 두는 것은 단기적으로는 도움이 되지만, 아무리 개인적인 능력이 뛰어나도 '다른 사람에게 맡기는 것보다 내가 하는 편이 빠르다'라고 생각하는 사람은 자신 한 사람의 생산 능력 이상으로는 성장하기 어렵다. 오히려 주위 사람들을 망쳐서 결국 팀 전체의 능력을 줄이게 된다.

반대로 언덕길을 구르는 눈덩이처럼 순식간에 조직을 키워가는 사람들이 있다. 이 사람들은 자기 자신이 우수한 것은 물론, 함께 일하는 멤버의 좋은 점을 찾거나 서로 연결하는 데에 능숙하다. 그런 사람과 함께 일하며 한 번 성공 체험을 하게 되면 그것이 자극이 되어 모두 똑같이 사람을 서로 연결해서 조직을 키워간다. 그야말로 재능을 서로 이어붙여주는 자석 같은 존재다.

몇 년 뒤의 조직을 상상하며 팀을 만든다

마케토에 입사했을 때 본사의 영업 부서 책임자가 "젊은 영업사원을 빠르게 채용해나가고 5~6명이 되면 매니저를 채용하는 것이 좋습니다"라는 조언을 해주었다. 그러나 나는 이를 거스르고 처음에는 소수 정예로 했다. 젊은 사람의 잠재력을 보고 채용하지 않고 처음부터 조직이 커졌을 때 본부장을 할 수 있는 클래스의 사람을 채용하겠다고 주장하며 양보하지 않았다.

나와 마찬가지로 회사 출범을 경험한 사람은 "우선 매출이 늘고 나서 사람을 늘린다. 하지만 사람이 없으면 매출이 늘어나지 않는다"라는 현실 앞에서 고민해봤을 것이다. 경험이 풍부하고 매니지먼트도 할 수 있는 사람은 급여가 높다. 그러나 경험이 적어서 상사의 도움이 필요한 인재가 자기 밑으로 늘어나면 병목 현상이 생긴다.

특히 막 시장에 뛰어들었을 때는 제안서나 영업 활동 하나하나가 그 회사의 브랜드를 만들어 간다. 여기서 리뷰가 따라붙지 못하고 질 낮은 활동이 밖에서 이루어지면 돌이킬 수 없다. 시작단계이기 때문에 단기적인 실적을 추구하지 않고 중장기적인 관점으로, 시장에서 회사를 대표하는 사장의 마인드를 가지고 플레이어로 활동하는 인재를 각 부서에 채용했다. 이것을 실현할 수 있었던 것이 마케토의 설립에 크게 공헌했다고 생각한다.

사람의 연결점이 되는 매니지먼트

조직이 성장하는 과정에서 흔히 '100명의 벽'이라고 하는 말이 있지만, 나는 인원수 문제보다 물리적으로 서로가 가까이 있는지의 여부가 더 크다고 생각한다. 가령 50명이라도 층이나 위치가 나누어져 있으면 일체감이 없어서 의사소통이 어렵다. 현장에서 무슨 일이 일어나고 있는지 보이지 않기 때문이다. 그것을 극복하는 것은 각 매니지먼트가 연결점이 될 수 있는지에 달려 있다.

조직은 구조적으로 몇 개의 부서로 나뉘어 있을 뿐만 아니라 도쿄 사무실, 오사카 사무실 같은 지역별 그룹, 사이좋은 사원의 그룹 등 공식적/비공식적 서클이 존재한다. 그런 것들이 서로 따로따로 움직이면 경영은 성립되지 않으므로 다른 동그라미가 각각 교차하는 곳에 정보를 유통시킬 수 있는 사람이 필요하게 된다. 매니지먼트가 그런 연결점이 되면 500명, 1,000명으로의 성장을 견딜 수 있는 조직이 생기지 않을까?

조직 상위에 마이너스 인자를 가져오지 않는다

내가 30대 초반일 무렵 부하 직원으로 매니저를 채용할 때 당시 상사에게 가르침을 받은 적이 있다. 그것은 "조직의 상위에 마이너스 인자를 가지고 오면 돌이킬 수 없다"라는 것이었다.

조직이 커지는 과정에서 멤버의 능력을 끌어내는 증폭형 리더 같은 사람만 모일 수는 없다. 경험을 보는 사람도 있고, 장래의 잠재력을 보고 채용하는 사람도 있다. 그러나 가치관이 맞지 않거나 멤버를 소모시키는 소모형 리더의 모습을 보이는 사람은 절대 조직의 상위에 채용하지 말라는 조언을 들었다(이 두 리더의 유형에 대해서는 15장에서 자세히 기술한다).

조직은 많든 적든 피라미드형이다. 현장의 한 담당자라면 악영향이 미치는 범위는 한정되지만 부서나 조직의 리더가 되면 그 아래 모든 것에 영향을 미친다.

나도 기본적으로 이 규칙을 의식했지만 개중에는 '성과를 이만큼 내고 있으니 나쁜 점은 눈을 감자', '신뢰하는 사람의 소개니까 괜찮겠지'라고 신중하지 못해 후회한 적이 있다. 그리고 막상 바로잡으려 했을 때는 상상 이상으로 악영향이 침투해서 이미 늦어버렸다는 것도 깨달았다. 어떤 국면에 한해서 의견이 다른 것은 상관없지만 근본적인 가치관이 다르면 조직의 일체감은 나오지 않는다.

베테랑과 젊은 층을 조합한다

외자계 기업에서 많이 보이는 패턴인데, 빨리 성과를 내고 싶어서 경험자만 채용하는 일이 있다. 그러나 경험이 있는 우수한 사람만 지속적으로 채용하기는 지극히 어려워서 그 패턴이 오래가지 못한다. 한편 스타트업 기업에서 흔하게 보이는 것이, 사용할 수 있는 돈이나 급여 수준의 문제도 있어 경험이 없는 젊은 사원을 대량으로 채용하는 일이다. 처음에는 업무량을 인원수로 커버할 수 있지만 사람이 늘어감에 따라 팀을 꾸릴 리더직도 필요하다. 경험이 적은 사람에게 리더를 맡기면 조직이 흔들릴 위험이 크다.

조직은 베테랑의 경험치를 살리고 장래를 위해 젊은 인재를 육성하는 콤비네이션이 가능하면 최고다. 어느 한 쪽에 치우치지 않고 조직의 전체적인 균형을 잡을 수 있으면 좋다. 팀, 부서, 회사 전체 사이에서 베테랑 사원과 젊은 인재의 균형을 의식해야 한다.

마케토에서는 내가 기술 부문을 담당한 경험이 없었기 때문에 그 부문 책임자에 시니어를 채용했다. 반드시 윗자리에 베테랑을 앉

혀야 한다고 고집하는 일은 없다. 나이가 들면 이기주의도 사라지고 자신의 경험을 살려 도움을 주고 싶어 하는 사람이 많기 때문이다. 예를 들어 현역을 은퇴한 사람에게 고문을 부탁하는 것도 그중하나다. 그 사람이 가진 인맥의 도움을 받는 등의 직접적인 지원만이 아니라 세상 정세나 사고방식 등 넓은 의미에서 멘토로 대한다면 조직의 의지가 된다.

업무 리듬을 소중히 한다

사람을 배정하거나 업무 내용을 결정할 때는 리듬을 중시한다. 한 건당 몇 십 억 단위에 이르는 대기업의 상담과 수천 단위의 중소기업 상담을 전부 영업 한 명이 담당하는 것은 비효율적이다. 인사이드 세일즈에서도 인바운드로 들어온 리드를 접촉하는 일과 처음부터 콜드콜로 약속을 잡는 일은 함께 해서는 안 된다.

일은 리듬을 만드는 것이 중요하고 같은 리듬으로 일을 하면 할수록 몰입하기가 쉬워진다. 반대로 스위치를 켰다 껐다 하는 일이 많아질수록 양을 소화하지 못해 결과적으로 질도 떨어진다.

예를 들어 인사이드 세일즈라면 각자가 전화를 하고 싶은 리드를 자유롭게 선택하는 것이 아니라 오전 중에는 웹을 경유한 신규 리드에게만 거는 식이다. 혹은 한 달에 한 번 전원이 과거 수주에 실패한 상담에 대해서만 관리 하는 날을 정한다. 신규 리드와 수주에 실패한 상담에서는 애초에 전제 지식도 다르고 듣는 내용도 다르다. 랜덤이 아니라 특징이 같은 것을 정리해서 대응하면 생산성이 훨씬 높아진다.

매니저가 지녀야 할 마인드

경력의 방향성은 전문성을 살려나가는 전문직과 팀을 가지고 조직을 관리하는 관리직으로 나뉜다. 나는 20대 시절, 전문직을 지향했지만 30대에 처음으로 매니지먼트를 경험한 뒤부터 방향이 바뀌었다.

일부 직종을 제외하면 전반적으로 매니지먼트를 지향하는 사람이 더 많을 것이다. 회사에 따라서는 경험을 쌓게 하기 위해 젊은 사람이라도 자꾸 매니저를 경험하게 하는 경우가 있다. 대학을 졸업하고 바로 입사한 2년차 사원이 갓 입사한 사원을 통솔하는 매니저가 되는 경우도 있다.

예전에 나에게 매니저가 되고 싶다고 직접 담판해 온 톱 영업사원이 있었다. 왜 매니저가 되고 싶은지 물으니 "동창들에게는 직급이 붙기 시작했는데 나만 없는 것은 멋이 없다"라는 이유였다. 젊은 시절 매니저가 되고 싶다는 사람은 겉으로 말하지 않을 뿐 속마음은 다르지 않을 것이다.

하지만 매니저가 직급이 아니라 역할이라고 하면 절대 빠질 수 없는 마인드가 있다. 그것은 매니저가 되기 전에는 자기 자신이 성장하는 데에 매진하지만 매니저가 되는 순간부터 팀원들을 성장시키는 데 전력을 기울여야 한다는 것이다.

그 역할을 하려면 단순히 성과를 올리는 것뿐 아니라 정신적으로 성숙해야 한다. 중장기적인 회사의 성공과 인재 육성을 소중히 생각한다면 매니저나 리더를 선발하는 데 아무리 신중해도 지나치지 않다.

특히 영업사원의 매니저 선택은 실패하기가 쉽다. 원래 영업에서 실적을 올려온 스타플레이어는 자신이 스포트라이트를 받는 데 익숙하다. 야구로 말하자면 투수 같은 것이다. 그런 사람이 매니저가 되면 자신이 부서 전체의 상담에 관여해 주는 것만으로도 수주가 증가한다고 생각하는 경향이 있다. 세세한 관리는 현장에만 맡겨 두고, 자신은 방문에 동행하거나 중요한 이슈만 정리해 주면 된다고 생각한다.

이런 발상으로 매니저가 된 사람은 대개 실패한다. 혼자서 1억 엔을 팔던 사람이 부하 직원이 5명 있어도 5천만 엔 밖에 팔지 못하는 현상은 매니저라는 업무의 어려움을 잘 보여준다.

면접의 기본은
(후보자에게 관심을 보이는 것)

　채용은 테스트처럼 점수를 매겨서 평가할 수 있는 것이 아니다. 회사와 후보자의 궁합이 중요하고, 어떤 회사에서 잘 된 사람이 다른 회사에 간다고 잘 된다는 보장은 없다. 후보자를 평가하는 것이 아니라 서로를 잘 아는 데에 집중하는 것이 채용 면접이다.

　하지만 신임 매니저의 면접에 동석하면 이 원칙을 이해하지 못하는 사람이 많다. 무심코 '내가 평가하고 있는 거야'라고 위에서 내려다보는 분위기를 만드는 사람도 있으니 주의해야 한다.

　면접 경험이 적은 사람의 공통점은 자기가 알고 싶은 내용을 묻는 것이 아니라 '면접은 이런 말을 물어야 하는 것 아닌가?'라는 생각으로 면접을 위한 질문을 하는 것이다.

　"그동안의 경력이나 업무 내용에 대해 설명해주시겠어요?"

　"당신의 강점과 약점은 무엇입니까?"

　"왜 우리 회사에 관심이 생겼나요?"

　이런 질문 자체가 나쁜 것은 아니지만 거기서 끝나버리면 아무것도 되지 않는다. 경력이나 업무 내용을 묻는다면

"왜 그 일을 선택했는가?", "자신의 희망인가, 상사의 지시였는가?"를 물어볼 수 있다.

꾸준히 목표를 달성해왔다고 해도 그가 일했던 곳이 대부분의 사원이 목표를 달성하는 회사였는지, 소수의 사원만이 목표를 달성한 회사였는지에 따라 그 의미하는 바는 전혀 다르다. 다른 사람들보다 실적을 더 올린 이유가 어디에 있다고 생각하는지 물어봐도 좋다. 업무 담당 영역에서 혜택을 받았을 뿐인 지도 모르고, 남들과 다른 연구를 하고 있었을지도 모른다. 목표를 달성하려는 의욕이 강점이라고 하는 사람에게는 '왜 목표 달성 의욕이 강해졌을까? 어릴 적부터일까, 누군가의 영향을 받았을까? 왜 그것이 중요하다고 생각할까? 그 계기가 된 사건이 있었을까?'라는 질문을 던져본다.

이런 식으로 대화를 계속하면 묻고 싶은 것이 산더미처럼 나오게 된다. 면접은 어떤 식으로 해야 한다는 선입견에 얽매이지 말고, 그 사람을 잘 알고 싶은 마음으로 관심을 보이면서 대화를 하자.

제 15 장
리더십

증폭형 리더와 소모형 리더

────

매니지먼트가 된 뒤 이상적인 리더상을 추구하며 시행착오를 겪던 시기가 있었다. 내 스타일을 굳히는 계기가 된 것은 오라클 출신으로 독립 후에 여러 기업에서 리더십 연수를 하는 리즈 와이즈먼이라는 사람의 합숙 연수였다. 2011년에 캘리포니아의 하프 문베이라고 하는 휴양지에 일주일 동안 갇혀서 강의 연수와 그룹워크, 코칭 세션을 실시했다. 그녀는 당시 출간한 서적 내용에 따라 멤버의 능력을 최대한 끌어내는 증폭형 리더와 멤버를 소모시키는 소모형 리더의 행동 특성을 예로 들면서 어떻게 증폭형 리더의 조직이 성과를 내는지 이야기해주었다.

증폭형 리더는 재능 있는 사람들을 연결해주는 자석 같은 존재이며, 소모형 리더는 자신의 제국을 구축한다. 전자는 의논을 추진하지만 후자는 스스로 의사결정을 한다. 전자는 멤버에게 이양하지만, 후자는 멤버를 마이크로 매니지먼트한다. 이 말을 듣고 처음에는 흔히 있는 비교론이라고 생각했지만 리즈 와이즈먼은 참가자들에게 다음과 같이 말했다.

"하지만 여러분은 모든 요소에 대해 증폭형 리더가 되려고 하지 않아도 됩니다. 과거에 최고의 CEO라고 언급되던 경영자를 떠올려보세요. 애플의 스티브 잡스, GE의 잭 웰치 등은 모든 요소에서 증폭형 리더라고 할 수 있을까요? 저는 지금까지 그런 사람은 만난 적이 없습니다. 무리하게 자신을 바꾸려고 하지 말고 자신이 어느 포인트에서 증폭형 리더로서 행동할 수 있는지 없는지를 의식할 수 있으면 됩니다."

가만히 생각해보니 성공한 경영자는 각자의 스타일이 있다. 교과서 그대로의 틀에 자신을 맞추려고 하지 말고 자신이 어느 분야에서 강점을 발휘하고 어느 분야에서 주변의 도움을 받을 것인지 의식해야 한다. 그렇기에 자신이 함께 일할 팀을 만드는 것이 중요하다.

현장에서 일어나는 일을 철저히 이해한다

세세한 일까지 확인하거나 지시를 내리면 마이크로 매니지먼트라는 소리를 듣는다고 고민하는 사람이 있다. 하지만 리더가 실행력을 높이려면 현장에서 무슨 일이 일어나는지 알아야 한다. 현장에서 오는 보고를 그대로 받아들이면 필터를 거친 정보밖에 들어오지 않는다. 세세한 것까지 구체적인 지시를 내린다는 것과 세부적인 부분에까지 관심을 보인다는 것은 확연히 다른 이야기다. 현장에서 일어나는 일에 호기심을 품고 자꾸 질문하면 지금 무슨 일이 일어나고 있는지가 보인다. 그것을 일상적으로 계속해야 한다. 그렇지 않으면 변화를 감지할 수 없다.

이런 감지의 중요성을 부시 정권시절 미국 국무장관을 지낸 콜린 파월이 저서 《콜린 파월의 실전 리더십》에서 설명했다. 파월은 마더구스에서 다음과 같은 구절을 인용했다.

못이 없어서 편자를 못 박는다

편자가 없어서 말이 못 달린다

말이 못 달려서 기사가 타지 못한다

기사가 타지 못하니 싸움을 할 수 없다

싸움을 할 수 없으니 나라가 망한다

모든 것은 편자 못이 없기 때문이다

못이 없다는 사소한 일이 발단이 되어 다양한 국면에 영향을 끼쳐 결국 나라가 망하고 말았다는 이야기다. 이것을 사무실에서 날마다 일어나고 있는 일로 바꿔 말하면 파월이 말하고 싶은 바를 느낄 수 있을 것이다.

사무실에 들어갔을 때 직원들 사이에 대화가 있을까? 스쳐 지나가는 상대가 인사를 해올까, 가급적 대화하지 않도록 피할까? 대화할 때 눈을 똑바로 보고 이야기할까? 활기가 있는가, 피곤한 표정인가? 회의실에 들어와서 어디에 앉는가?

이전에는 적극적으로 발언하고 있던 사람이 언제부터인가 가장 자리에 앉아서 모두 모일 때까지 기다리는 시간에 아무 말도 없이 혼자 메시지만 체크하고 있으면 주의해야 할지도 모른다. 다른 사람이 의견을 말하고 있을 때 열심히 들어주는 사람이 있고 반대쪽으로 얼굴을 돌리고 있는 사람이 있다. 각자의 보고를 기다리지 않아도 감지할 수 있는 정보는 넘쳐난다.

변화를 감지하기 위해서는 매사에 호기심을 품고 질문을 해나가는 것 말고도 주위를 세심하게 관찰하는 것이 중요하다. 숫자로 표현되는 것 이외의 변화를 감지하는 것은 매우 중요하며 매니지먼트라는 일을 하는 묘미이기도 하다.

나는 이런 것들을 매니지먼트가 되고 나서의 첫 상사에게 배웠다. 그와 일하기 전까지 영업의 매니지먼트는 '현장의 세세한 것에는 관여하지 않고, 제품도 잘 모른다. 고객의 경영 간부와 대화하고 식사하며 관계 구축을 하는 역할이다'라고 생각했다. 그러나 그는 글로벌 영업조직 전체를 보고 있음에도 누구보다 현장을 이해하고 있었다. 마케팅부터 인사이드 세일즈, 영업에 관련된 모든 숫자가 머릿속에 들어 있었다. 이쪽이 접하고 싶지 않은 세세한 점도 핀포인트로 지적해 온다. 무심코 발뺌해도 다른 질문에서 모순을 지적받아 도망갈 곳이 없다. 숫자만 보고 판단하는 것이 아니라 숫자에서 무슨 일이 일어날지를 예상하는 능력이 뛰어난 사람이었다.

내가 아직 미국에서 일하고 있을 때의 이야기인데, 영업 숫자가 포캐스트를 밑돌 것 같다는 일이 있었다. 일반적인 매니지먼트라

면 마케팅이나 영업 등 각 부서에 문제점을 보고하게 할 상황이었
는데, 그는 스스로 데이터를 분석하기 시작했다.

· 인사이드 세일즈에서 영업에 넘기는 상담 건수는 목표를 웃돌고 있다.
· 수주 건수는 목표를 밑돌고 있다.
· 영업의 수주율이 저하되고 있다.
· 수주율의 저하가 특정 영업사원에게서 두드러지고 있다.
· 상담 초기 단계에서 로스트가 된 것이 현저하게 증가하고 있다.

이런 사실을 파악한 그는 무슨 일이 일어나고 있는지 예상했다.
당시에는 인사이드 세일즈에서 영업으로 넘겨진 예상 상담을 영업
담당이 관리하고, 확실히 상담으로 진행된다고 판단되면 인사이드
세일즈 담당의 실적이 되었다. 하지만 상담으로 진행될지 어떨지
는 아무리 기준을 설정해도 주관이 들어가 디지털로는 판단할 수
없다. 인사이드 세일즈의 입장에서 상담으로 인정을 받는지의 여
부는 급여와 이후 승진으로 이어지는 사활이 걸린 문제다. 하지만
영업이 평가되는 것은 수주 금액이며 수주율은 상관없다. 본래는
상담으로 진행할 수 없는 수준도 영업이 상담이라고 인정한 것이
수치를 악화시킨 원인이었다.
이때는 인사이드 세일즈의 평가 항목을 상담 건수만이 아니라 수
주 금액을 가미해서 변경하고, 상담화했지만 상세한 체크는 매니지
먼트에서 철저히 하는 것으로 해서 개선을 이끌어냈다.
이런 문제점은 숫자에 강한 것은 물론, 현장의 운영이나 평가 구

조 등을 자세히 모르면 깨닫지 못한다. 그는 톱 매니지먼트 스스로 현장을 파악하는 것의 중요성을 가르쳐주었다.

도전적인 목표를 설정한다

———

사람을 성장시키는 것은 항상 현재 상황을 웃돌려고 하는 향상심이다. 따라서 리더는 조직 전체의 성장을 위해 자기 자신과 팀의 멤버 모두에게 도전적인 목표를 설정하는 것이 요구된다.

어느 해 매우 까다롭다고 소문난 본사의 이그제큐티브가 직속 상사가 되었다. 처음에는 전전긍긍했지만 막상 일해보니 나를 존중해줘서 아주 원활하게 일할 수 있는 관계가 되었다. 그때까지 나는 정확한 포캐스트를 전하는 것을 우선시하고 있었지만, 그녀는 항상 늘리는 것을 요구해 왔다.

매출 포캐스트를 전달할 때는 80~90% 정도의 확실성으로 달성할 만한 수치를 전달하는데, 전화 미팅 중에 내가 '잘하면 50%의 가능성 정도로 달성할 수 있을지도 몰라'라고 내심으로는 생각하고 있는 베스트 케이스의 수치를 정확히 맞혀왔다. "물론 그것을 목표로 하지만 리스크가 있기 때문에 어디까지나 확약이 아닌 베스트 케이스의 숫자라고 생각하기 바랍니다"라고 전하면 "리스크는 내가 이해하고 위에 전달해요. 당신에게 그 책임은 없으니 걱정하지 않아도 됩니다. 어쨌든 베스트 케이스 수치만 의식하세요"라고 했다.

리스크는 자신이 판단하기 때문에 당신은 신경 쓰지 않아도 된다는 말 덕분에 늘어난 숫자를 단 하나의 목표로 의식해서 쓸데없이 도망갈 길을 생각하지 않고 돌진할 수 있었다. 결과적으로 그녀 밑에서 나는 몇 번이나 신기록의 숫자를 낼 수 있었다. 이 경험을 통해 리더는 팀의 능력을 최대한 끌어내기 위해 목표 설정이 중요하다는 것을 실감했다.

이전에 영업 훈련에서 배운 '로저 베니스터의 1마일 4분 이야기'도 인상적이었다. 로저 베니스터는 영국의 육상 선수다.

1923년, 날아다니는 핀란드인이라고 불렸던 파보 누르미 선수가 1마일에 4분 10초 4라는, 당시로서는 경이로운 기록을 세웠다. 그러자 사람들은 "다시는 이 기록이 깨지지 않을 것이다.", "1마일을 4분에 끊는 것은 인간의 운동능력으로는 불가능하다"라고 말하기 시작했다.

사람들의 말처럼 한동안 깨지지 않던 이 기록은 무려 31년 뒤인 1954년 로저 베니스터가 3분 59초 4라는 기록을 세움으로써 4분의 벽을 넘어섰다. 그러자 겨우 46일 후에는 호주의 존 랜디가 3분 58초 0으로 세계기록을 갈아치웠고 이후 1년 사이에 37명이, 이듬해에는 300명의 선수가 4분의 벽을 넘었다고 한다.

이것은 한계가 자기 자신 안에 있음을 가르쳐주는 스토리다. 항상 높은 목표를 가진다면 개인과 조직의 힘을 끌어올릴 수 있다.

이익과 존경과 약간의 공포

나폴레옹은 "인간을 움직이는 두 지렛대가 있다. 그것은 공포와 이익이다"라고 말했다. 나는 이 두 가지에 존경을 더하고 싶다. 리더는 이익과 존경, 약간의 공포로 조직을 움직여 나가야 하고, 그 윤활유가 웃음(유머)이다.

《노무라의 방식》에서

이것은 전 프로야구 감독 노무라 카츠야의 말이다. 공포와 이익만으로 관리하는 조직은 단기적으로 성과를 내더라도 오래가지 못한다. 한편으론 편안한 분위기를 만들고 듣기 좋은 말만 해도 조직이 강해지지 않는다. 약간의 공포라는 절묘한 균형이 필요한 것이다.

한때, 순조롭게 실적을 늘리다가 어느 해에 갑자기 침체를 보인 적이 있었다. 게다가 그런 타이밍에 직속상사가 사외에서 입사한다고 했다. '매니지먼트 실격이라는 낙인이 찍히지 않을까?' '실적이 좋을 때를 이해해주면 좋을 텐데.' 나는 내가 어떻게 평가받을지 신경 쓰였다. 그런데 그녀는 이래라 저래라 한마디도 하지 않고 "당신은 지금까지 성공을 거두었고, 일본 시장을 나보다 더 잘 알겠지요"라며 오로지 내 생각에 귀를 기울였다.

동시에 "어려울 때 당황해서는 안 됩니다. 나쁜 상태를 회복하려면 시간이 걸리기 때문에 참아야 합니다. 하지만 그 기간은 3개월이지 반년은 아니지요"라며 활짝 웃었다. 이때 벌벌 떨리는 압박이 아니라 등줄기가 퍼지는 좋은 의미의 압박감을 느낄 수 있었다.

　나는 리더로서 아직 멀었지만, 항상 격려와 압박의 균형 잡힌 커뮤니케이션을 하도록 의식하기로 했다.

〔나에게 영향을 준 리더 ①〕

사노 지카라
(전 일본 오라클 대표이사 사장)

　사노 지카라에게는 인생의 고비마다 조언과 도움을 받았다. 내가 일본 오라클을 그만두고 미국 세일즈포스닷컴에 입사할 때는 그런 이름도 모르는 회사로 이직하는 것이 괜찮겠느냐고 장인어른께서 걱정하신 것을 알고 "이 회사는 반드시 성장할 겁니다. 야스타카는 분명히 성공할 수 있습니다. 제가 책임질 테니 그가 마음껏 하게 해주세요"라고 전화로 설득해주었다는 것을 나중에 들었다.

　사노 지카라에게 특히 영향을 받은 것은 회사의 문화 만들기다. 그는 항상 일본 오라클이라는 확고한 정체성을 지니는 것을 의식하고 있었던 듯하다. 그 때문에 모든 기회를 이용해서 자신의 생각을 사원에게 전하려고 했다.

　그중 하나가 사보다. 그는 일본 오라클의 사보에 매번 사장의 메시지를 실었다. 인상에 남는 것은 "좋을 때일수록 괴로웠을 때를 떠올리자"라고 하는 주제로 "회사가 작을 때는 여러 사람에게 신세를 지고 도움을 받았는데 커지면 갑자기 업자와 관계를 끊는 사람이 있다. 아무리 바빠도 거절할 때는 상대의 입장에 서서 제대로 설명하고 사과해야 한다. 안 좋은 이야기를 할 때는 상사와 함께 사과하게 한다. 좋은 이야기일 때만 상사가 얼굴을 내미는 것은 당치도 않다. 판매하는 것과 마찬가지로 올바르게 구매해야 한다. 회사의 강함은 영업에서 나타나지만 회사의 품격은 구매로 나타난다"라는 이야기다. 이것은 내가 사장이 된 지금도 명심하고 있는 것 중 하나다.

내가 마케토에 입사하고 난 뒤 종이 사보를 만들기로 한 것도 당시 오라클의 대처가 생각났기 때문이다. 회사의 수장이 사원에게 직접 자신의 말로 생각을 전달하는 것이 중요하다는 것을 배웠다.

조직이 성장하면서 여러 가지 과제가 생겼을 때 받은 다음과 같은 조언은 지금도 자주 다시 읽는다.

사원이나 매출이 갑자기 증가할 때는 여러 곳에서 불편이 생깁니다. 그것은 육아에서 경험하는 것과 같습니다. 급속히 성장하는 아이는 한밤중에 아프다고 소리를 지릅니다. 당황해서 근처 의사에게 데려가보니 한밤중에 성가시다는 듯한 표정으로 의사가 이렇게 말했습니다.

"지금 이 아이의 발에 일어나고 있는 일은, 뼈가 빨리 성장하는데 그것을 지탱하는 근육이 따라잡지 못하는 데에서 오는 성장통입니다. 병이 아닙니다. 성장이 원인입니다. 부드럽게 문질러주면서 엄마 손은 약손이라고 말해주세요."

직원에 따라서는, 특히 잉여 인원이 많았던 큰 조직에서 옮겨 온 사람은 이것이 없다, 저것이 없다면서 고충을 털어 놓으러 사장에게 옵니다. 들어주는 것도 필요하지만 사장이 전부 한꺼번에 마법사처럼 이루어줄 수 없습니다.

이것을 해결하려면,

첫째, 문제를 이해하고 누가 언제까지 지원 태세를 갖출 것인지 전원이 생각하고 공유한다. 그러나 지금은 참아야 한다고 분명히 단언할 것.

둘째, 지금은 목표 달성을 위한 과도기다. 우리는 목표를 향해 지금 여기까지 와 있다. 달성하면 굉장한 일이 될 것이라고 말한다. 또 꿈과 희망 이야기를 시작하느냐는 말을 들어도 몇 번이나 이렇게 말한다. 그리고 먼저 자신이 아침, 저녁으로 주문처럼 거울 속 자신에게 말한다. "나는 성공할 거야." 그다음으로 주요 직원에게 그것을 모든 기회를 이용해 설명하고 설득한다.

이 두 가지는 다른 사람이 대신하게 해선 안 됩니다. 사장만 할 수 있는 일입니다. 다른 사람에게 부탁하면 반드시 실패합니다. 자신의 힘과 행운을 믿고 스스로 해보세요. 당신에게는 행운이 따릅니다. 그리고 재능도!!

사노 지카라와 직속 상하관계였던 적은 한 번도 없지만, 그는 내가 비즈니스인으로서 지녀야 할 사고방식에 가장 큰 영향을 준 사람이다.

[나에게 영향을 준 리더 ②]

마크 베니오프
(세일즈포스닷컴 창업자)

누군가 "마크 베니오프는 어떤 사람입니까?"라고 물으면 나는 "태양 같은 사람입니다"라고 대답한다. 멀리 있으면 따뜻하고 편안하지만, 너무 가까이 가면 이카루스의 날개처럼 녹아서 추락하기 때문이다.

조금 과장된 표현일지도 모르지만, 일에 관해서는 몸서리치는 공포와 압박을 주면서도 주변 사람에게 강렬한 영감을 주는 카리스마 CEO다. 잊지 못할 에피소드가 산더미처럼 많지만 내가 세일즈포스닷컴을 퇴직하면서 직원들에게 인사말로 했던, 마크 베니오프에게서 배운 것부터 몇 가지 소개하겠다.

상대가 누구든 두려워하지 않고 주장한다

미국 본사에서 일본으로 새로 부임해 와서 비즈니스를 성장시키고 있을 무렵, 이벤트로 일본에 온 마크 베니오프와 단둘이 만날 기회가 있었다. 얼마 전 열린 글로벌 전체 전화 회의에서 "본사에서 1년간 배운 후쿠다 씨가 모범 사례를 일본에서 펼쳐 대성공하고 있습니다"라고 말해줄 정도로 성과가 좋은 시기였기에 처음에는 기분 좋게 내 말에 귀를 기울였다.

하지만 내 팀은 전화를 할 뿐 아니라 고객들을 방문한다고 하자 그의 얼굴 표정이 확 바뀌었다. 그리고 "자네가 하는 일은 본사 방식이 아니야. 미니필드 세일즈지. 그런 식으로 하면 안 돼"라고 일축했다. 전화로 모든 프로세스를 수행하는 것이 올바른 방법이라는 것이다. 칭찬은커녕 질책을 받아서 당시에 기분이 침울해졌던 기억이 있다.

그 만남 이후 며칠이 흘러도 납득이 되지 않았다. 실제 영업에 드는 비용, 상담일수, 평균 상담 금액, 1인당 수주 등 모든 지표는 미국과 거의 비슷한 수준이었다. 중소기업 영업은 관리해야 할 상담으로 범위를 좁혀서 대응하고, 전화나 웹 회의를 활용해서 철저히 효율성을 높이는 'Volume×Velocity' 모델로 운영하는 것이 핵심이다. 결코 미국의 형태를 일본에서 그대로 모방하면 되는 것이 아니었다.

반론을 제기하면 해고당할지도 모른다고 생각하면서도 제대로 내 주장을 전하고자 이미 일본을 떠나 싱가포르로 향한 그에게 메일을 보냈다.

"일본은 미국과 달리 아직 도쿄 중심으로 비즈니스가 이루어집니다. 이동에 비행기나 차량의 이동이 요구되는 것도 아니고, 공공 교통기관을 이용하면 방문 1건에 1,000엔도 들지 않습니다. 이동도 효율적이어서 하루에 약속을 4건이나 잡을 수 있습니다. 실제로 중요한 성과 지표는 모두 미국과 같은 수준입니다. 당신이 원하는 것은 형태를 그대로 모방하는 것입니까? 아니면 성과를 실현하는 것입니까?"

긴장할 틈도 없이 바로 답장이 왔다. 거기에는 "난 네 팬이야. 네가 나를 바꿨어"라고 쓰여 있었다.

나도 매니지먼트 경험을 쌓으면서 알게 되었지만, 직급이 올라갈수록 부하 직원들은 그에게 의견을 말하지 못하게 된다. 하지만 사실 그들은 의견을 자꾸 부딪치고 싶어 하고 그에 대한 논의가 일어나는 것을 내심 바라고 있다. 자신이 확고한 의견이나 신념이 있다면 겁내지 말고 그것을 부딪쳐야 한다는 것의 중요성을 이 경험에서 배웠다.

주어진 영업 영역에 한해서는 CEO라는 자각을 지닌다

다음은 반대로 실적이 미미했을 때 면담했던 이야기다. 메구로 가조엔 호텔에서 열린 자사 이벤트 도중에 그의 방에 불려갔다. 업적에 대해 힐문할 것이 뻔했기 때문에 교수대에 오르는 심경으로 방에 들어갔다.

당시 전년도에 자꾸 영업사원을 채용하라고 했음에도 불구하고, 인바운드 리드의 증가 속도에 맞춘 채용밖에 하지 않았기 때문에 다음 해에는 완전히 세일즈 생산 능력이 부족해지고 말았다.

"그것 봐, 그래서 그렇게나 말했는데"라고 시작해 끝없는 설교를 들었다. 탁자에 놓여 있던 과자를 천천히 손에 들고 3개 늘어놓더니 "자네는 이 3개를 5개로 늘리려고 할 때 조금씩 늘리려고 하니까 안 되는 거야. 2개 늘렸더니 1개가 사라져서 또 4개가 돼. 그게 반복되니까 시간이 아무리 지나도 5개가 되지 않는 거야. Hire&Fire로는 안 돼. 3개를 5개로 하고 싶으면 먼저 쭉 10개까지 늘려. 그러면 2개 정도 줄어봤자 8개가 되니까"라고 했다.

Hire&Fire, 나는 고용했다가 해고하는 일은 하지 않는다. 그러나 그런 변명은 도저히 할 수 없는 분위기라서 솔직하게 그의 말에 귀를 기울였다. 그리고 왜 채용이 이렇게 늦었느냐고 물었을 때 무심코 "전담 리크루터가 없어서요"라는 대답이 불길에 기름을 붓고 말았다.

"남 탓하지 마. 그게 문제라면 왜 목소리를 높여 말하지 않았어? 자신이 맡고 있는 담당 영역의 비즈니스에 대해서는 자신에게 책임이 있어. 자신을 세일즈 매니저라고 생각하지 마. 자신이 이 영업 영역을 맡은 CEO라는 의식이 있어야 해."

 이 말이 가슴에 깊이 박혔다. 그 전까지는 주어진 일을 조용히 실행했다. 내가 맡은 범위 이외의 일에 간섭하지 않았다. 나쁘게 말하면 일이 잘 안 될 때의 변명을 준비하는 마음이 있었던 듯하다. 그 후 담당 영업에도 "자기 영업 영역의 CEO라는 의식을 지니자"라고 전하고 있다. 그런 관점을 지니면 직급의 레벨이 어떻든 항상 일의 레벨을 높여갈 수 있을 것이다.

내가 어떤 사람인지 한정하지 않는다

 내가 마흔이 된 2012년에는 내 부서의 실적이 아주 좋아서 수석 부사장으로 승진했고 Executive of the Year도 받았다. 그 해에 있었던 대화는 내 경력의 방향을 바꾸는 계기가 되었다.

 빽빽한 스케줄에 틈을 내어 호텔 오쿠라에서 초밥을 먹기로 했다. 그는 자리에 앉자마자 말없이 아이폰에 집중해서 전혀 주문할 기색이 없었다. 너무 집중해서 말을 걸 수가 없었다. 20분쯤 기다리자 그제야 그는 입을 열었다. "라인(LINE)은 쓰고 있나?"라며 자신의 아이폰 화면을 보여주었다. 아무래도 라인에 등록을 하고 있었던 것 같다. 새로운 것은 무엇이든지 시도해 보는 자세가 훌륭하다고 생각했던 것을 기억한다.

식사를 하며 비즈니스의 상황이나 전망에 대해 이야기 한 뒤 "자네는 5년 후 자신의 경력을 어떻게 생각하나?" 라고 물었다. 일단 무작정 눈앞에 주어진 사업을 성장시킬 생각밖에 하지 않았기 때문에 막상 경력에 관한 계획을 물었을 때 나도 모르게 말문이 막혔다. 한 가지 분명했던 것은 내가 바깥으로 나오는 것을 좋아하지 않고 뒤에서 누군가를 지원하는 일이 더 맞는다는 사실이었다. 나는 "만약 나중에 일본에 COO의 역할이나 전략을 생각할 수 있는 부서가 생긴다면 하고 싶습니다"라고 대답했다.

그는 놀란 듯이 "5년 뒤에 목표는 사장으로 설정해야 해. 왜 사장을 하려고 하지 않지?"라고 물었다. 나는 옛날부터 별로 앞에 나서는 것을 좋아하지 않았다. 회사의 톱이 되기보다 어떤 사업을 담당하거나 관련 부서를 제휴시키거나 참모적인 일을 동경하는 경향이 있었다. 그에게 나는 그런 유형이라고 생각한다고 설명했다.

"누가 그런 유형이라고 결정했지? 자기 멋대로 단정하는 거 아닌가? 자신이 앞에 나서는 것이 서툴다고 말하지만, 부모가 그런 유형이었기 때문인지도 모르고 어릴 때의 어떤 체험이 그런 생각을 만들었는지도 몰라. 그런 타입이라고 타인에게 각인되어 그에 따르는 것일 지도 모를 일이지. 그러니 자신이 어떤 유형이라고 단정하지 말게."

이 조언은 내 마음을 흔들었다. 이때 당장 사장을 하고 싶은 생각은 없었지만 1년 뒤 마케토에서 제안이 왔을 때 해보자고 생각한 것은 이 대화가 있었기 때문이다. 그에게 그런 말을 듣지 않았다면 "나는 사장에 맞는 사람이 아닙니다"라고 깨끗이 거절했을 것이다.

이 책에서는 내 경험을 토대로 전략, 프로세스, 인재·조직·리더십이라는 관점에서 회사의 '더 모델'을 만들기 위한 경험과 과정, 전략 등을 설명해왔다. 마지막으로 비즈니스의 성공 확률을 높이는 데에 있어 꼭 덧붙이고 싶은 요소가 있다. 그것은 테크놀로지의 활용이다.

나는 지난 20여 년간 항상 IT 벤더로서 ERP, CRM, MA 등의 솔루션을 제공하는 쪽에 있었다. IT 툴은 도입 즉시 효과가 나타나는 마법의 지팡이가 아니다. 그러나 "IT는 어차피 도구에 지나지 않는다", "툴은 어떤 것을 선택해도 같다"라는 의견에는 찬성할 수 없다. 만약 그 의견이 맞는다면 가장 저렴한 제품이 가장 높은 점유율을 얻을 것이다. "어차피 도구일 뿐이다"라고 말하는 사람은 인간이 원래가 툴을 만들어내는 생물임을 잊고 있는 것이 아닐까?

도구이기에 선택이 중요하다

스티브 잡스가 매킨토시 개발 프로젝트의 지휘를 맡고 있을 무렵, 퍼스널 컴퓨터를 "Bicycle for the Mind"라고 불렀다. 한 조사에서 여러 동물이 이동할 때 운동 효율을 비교했더니 콘도르가 1위였고 인간은 하위였다. 그런데 자전거를 탄 인간을 추가했더니 콘도르를 훨씬 웃돌아 압도적인 1위가 되었다.

이를 알게 된 잡스는 인간은 툴을 만들어내는 존재이며 도구를 통해 인간의 능력을 몇 배나 증폭시킬 수 있다고 생각했다. 그래서 컴퓨터를 "지성을 위한 자전거"라고 말하고 싶었던 것 같다. IT는 그야말로 인간의 능력을 증폭시키는 인류가 만들어낸 도구 중 하나다. 그렇기 때문에 자신에게 맞는 것을 선택해야 한다.

"툴은 어떤 것을 선택해도 같다"라고 말하는 사람의 상당수는 각각의 툴이 지닌 가능성의 최대 공약수밖에 이해하지 못하기 때문에 툴이 지닌 장점을 살릴 수 없다.

좋은 제품에는 반드시 사상이나 이념이 있다. 책을 쓰는 사람이 전하고 싶은 것이 있듯이 개발자도 전하고 싶은 것이 있다. 자사에 도입하는 제품이나 서비스를 찾을 때는 "이런 마케팅을 실현하고 싶다", "사람의 커뮤니케이션 방법을 이렇게 바꾸고 싶다"라는 개발자의 생각이나 콘셉트에 공감할 수 있는지, 그것이 자사가 목표로 하는 방향성과 맞는지가 최대의 포인트가 된다. 그래서 툴의 선택을 다른 사람에게 맡겨서는 안된다. 자사의 이념에 맞는 IT툴을 고를 수 있다면 여러분의 회사나 직원들의 능력이 몇 배나 증폭되는 경험을 반드시 할 수 있을 것이다.

IT 툴의 진가는 스케일에 있다

IT툴을 활용하는 최대의 메리트는 스케일이 생긴다는 것이다. 아무리 뛰어난 리더나 컨설턴트가 있어도 다른 부서와 관련된 일이나 글로벌 전개를 혼자서 빠르게 실현하기는 어렵고 그 사람 자신이 머지않아 병목 현상을 만들게 된다. 또한 IT 툴의 좋은 점은 마케팅 기법이든 파이프라인 관리 방법이든 그 툴을 통해서 노하우나 사고방식을 재빠르게 관계자에게 공유할 수 있다는 것이다. 툴 자체가 커뮤니케이션 채널인 것이다.

나는 IT의 강점을 잘 이해해서 도구로 적절히 이용하고, 비즈니스에 활용할 수 있는 사람이 한 사람이라도 더 많이 생기기를 바라고 있다.

수많은 만남과 배움이 있어 이 책을 완성할 수 있었다. 이제까지 사회생활에서 신세를 진 모든 분들에게 이 자리를 빌려 감사의 말씀을 전하고 싶다.

후쿠다 야스타카

The Model

초판 1쇄 2020년 12월 15일
초판 3쇄 2024년 4월 1일

지은이 후쿠다 야스타카
옮긴이 정지영
펴낸이 김운태
기획·관리 박정윤
편집 김운태
디자인 심플리 그라픽스

펴낸곳 도서출판 미래지향
출판등록 2011년 11월 18일 제2013-000129호
주소 서울시 마포구 마포대로 53 B동 1603호
전자우편 kimwt@miraejihyang.com
대표전화 02-780-4842
팩스 02-707-2475
홈페이지 www.miraejihyang.com

ISBN 979-11-85851-11-2   03320

이 도서의 국립중앙도서관 출판예정도서목록(CIP)은 서지정보유통지원시스템 홈페이지(http://seoji.
nl.go.kr)와 국가자료종합목록 구축시스템(http://kolis-net.nl.go.kr)에서 이용하실 수 있습니다. (CIP
제어번호 :CIP2020047468)CIP2020047468)